Scienze delle Attività Motorie e dello Sport

Collana peer review diretta da

Francesco Fischetti
(Università degli Studi Aldo Moro Bari)

La Collana SAMeS si propone di offrire, nel già ampio panorama editoriale dedicato ad attività motorie e sport, contributi rigorosi sul piano scientifico e dai risvolti applicativi innovativi, rappresentando così un punto di forza per la didattica e per la diffusione di una cultura delle Scienze delle Attività Motorie e dello Sport. Lo spirito con cui si intende supportare questo progetto considera gli aspetti fondanti, i paradigmi scientifici, di più aree disciplinari per il consolidamento di una prassi educativa e tecnico sportiva, sapiente, aggiornata e adeguata a molteplici contesti. Il taglio didattico-metodologico che si prefigge di adottare non esclude l'apporto delle più variegate esperienze scientifiche e tecnico addestrative. Oggi, grazie all'evolversi della ricerca, anche in ambito tecnologico, attraverso i prodotti di questa collana, si potrà raggiungere un pubblico specialistico e non, sia nell'ambito dei percorsi formativi formali sia nell'ambito delle esperienze professionali.

ALLENARE

Principi metodologici per l'allenamento nello sport e nelle attività motorie

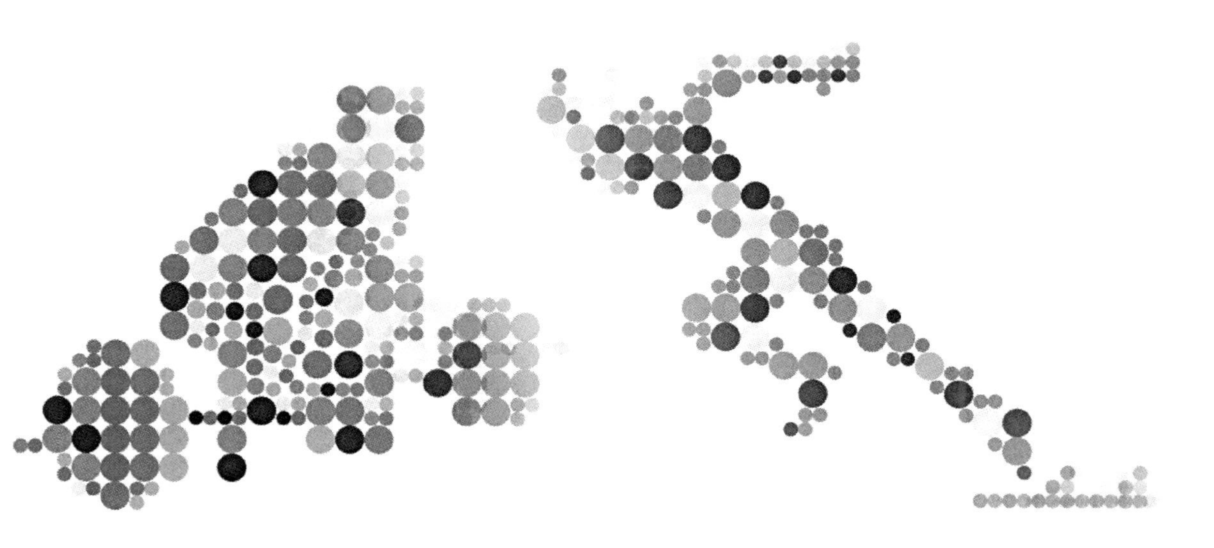

Author
FRANCESCO FISCHETTI

WIP Edizioni srl
Via Capaldi 37/A - 70125 Bari
Tel. 080.5576003 - fax 080.5523055

www.wipedizioni.it • info@wipedizioni.it

ISBN 978-88-8459-362-7
1ª edizione: 2016

Indice

PREFAZIONE DELL'AUTORE

"Allenare" rappresenta una raccolta di definizioni, metodi e suggerimenti didattici utili per chi studia o già opera professionalmente nel campo dello sport e delle attività motorie. L'impostazione didattica e descrittiva del testo, mette a disposizione del pubblico occasioni di riflessione e di comparazione tra teorie e metodi proposti dai più conosciuti autori del settore. I temi trattati non sono esaustivi dell'ampio terreno di studio dell' "allenare" ma rappresentano però il punto di partenza "obbligatorio" per chi si cimenta in questo ambito culturale e lo fa con obiettivi educativi, tecnici e sportivi in senso stretto o con lo sguardo al benessere psicofisico del praticante. Il materiale messo a disposizione introduce il lettore ai principali temi del processo dell'allenamento; vengono descritti così temi riguardanti il carico, i mezzi e i metodi di sedute singole o multiple, e vengono trattati attualissimi temi di rilevanza educativa, come l'allenamento giovanile, e di rilevanza tecnica, come l'allenamento con pesi. Una menzione particolare meritano i capitoli (miscellanee) sugli sport e il capitolo sul Mental Training. Le due miscellanee sugli sport hanno lo scopo di calare il lettore in alcuni esempi, scelti dall'autore, per poter verificare e sperimentare il concetto di "mezzo per l'allenamento" descritto nella parte metodologica. Il capitolo sul Mental Training descrive sinteticamente le metodiche ad oggi più diffuse e più studiate, "alla portata" del contesto dove opera l'Allenatore o l'Educatore Fisico. Anche questo capitolo non ha pretesa di essere esaustivo di un ambito così vasto come la preparazione mentale, in forte evoluzione scientifica ed in fase di ampia diffusione applicativa, rappresenta comunque un inquadramento descrittivo necessario come base per ulteriori approfondimenti rivolto a coloro che nel corso degli studi hanno già conseguito conoscenze basilari di psicologia da applicare agli sport. Nell'ottica proprio di "ulteriori approfondimenti" al volume "Allenare", sempre in questa collana di Scienze delle Attività Motorie e Sport, seguiranno pubblicazioni per l'approfondimento e la diffusione di argomenti basati su attuali studi e ricerche sull'allenamento fisico e mentale curati da esperti nazionali ed internazionali.

INTRODUZIONE

Introduco questo testo con alcune definizioni di Allenamento. Il senso di questa introduzione è legato all'obiettivo dell'intero testo, definire cosa si intende per allenamento e comprenderne il significato, il valore e il metodo "oltre" la semplice tecnica. Come ben ripreso dalle definizioni riportate si potrà evincere, a scopo didattico e di prospettive di ricerca, la complessità del processo dell'allenamento troppo spesso limitato a variabili "misurabili" che se pur necessarie richiedono modalità di "manipolazione" legate a principi che vanno al di la della misurabilità abbracciando la sfera della relazione, della trasmissione delle informazioni, dell'adattamento al contesto e a tante altre variabili, spesso meno osservabili e misurabili ma ben presenti ed agenti sul processo. In questa ottica il testo intende supportare delle linee guida che accompagnino il lettore alla costruzione del processo organizzativo e dell'idea stessa di allenamento utile per chi studia, ricerca ed applica questi concetti nelle attività motorie e nello sport.

Definizione (Bellotti, 1992)

«A volte ho contato le parole, per raccontare agli studenti che aumentare il loro numero ha significato la crescita in progressione geometrica della possibilità di cogliere l'essenza dell'allenamento. Oggi, definisco l'allenamento con un numero di parole circa 4 volte superiore rispetto a quando cominciai a pormi il problema. Ed ho fatto, naturalmente, molte altre considerazioni, che mi portano a formulare la definizione 8, dove invece pongo l'accento sulla necessità di rivedere i concetti di adattamento e di supercompensazione (temo fortemente che non esistano questi fenomeni e mi spiace per tutti quelli che si sentiranno orfani dell'adattamento e di Matveev) e di cominciare a porre l'accento su ciò che succede veramente quando ci si allena. I muscoli rispondono con una vera trasformazione di sé. In altra sede, mi cimenterò. Ma ecco la definizione 8, con le sue piccole, e nello stesso tempo enormi modifiche».

Definizione (Bellotti, 1992)

«L'allenamento sportivo è un processo pedagogico-educativo complesso, individualizzato e bioeticamente fondato, che si sviluppa in lunghi archi di tempo, possibilmente a partire dall'infanzia, e che, dopo una iniziale ed indispensabile fase di formazione e di iniziazione fisica e psichica, si completa con l'organizzazione sistematica dell'esercizio fisico, ripetuto in quantità, con intensità e densità,

secondo forme e livelli e difficoltà e con gradi di efficacia tali da produrre carichi interni sempre diversificati ma progressivamente crescenti, che stimolino i processi biologici di aggiustamento, di adattamento e di reale trasformazione strutturale del particolare organismo e favoriscano l'incremento delle capacità fisiche, psichiche, tecniche e tattiche di ciascun atleta, al fine di accrescerne, consolidarne ed esaltarne ragionevolmente il rendimento in competizione.
Riguardo ogni tanto le mie vecchie e nuove definizioni e ricordo la strada fatta, il percorso che mi ha portato fin qui attraversando i decenni, le migliaia di studenti che ho conosciuto negli anni. Mi dico che di certo, nella definizione, si è tenuto conto di 10 imprescindibili aspetti di cui l'allenatore deve essere consapevole. Provo ad elencarli, per chiudere questa breve, parcellare storia della definizione in italiano di allenamento sportivo. La chiamo breve, ma non voglio così sminuirla,poiché in realtà vi vedo dentro la forza del pensiero che tende a raggiungere la luce, che vuole capire e vuole progredire. Vita da allenatori, questa è. Dunque, allenatore non può fare a meno di assicurarsi che nella sua definizione di allenamento vi sia:

1. il carattere di processo ampio ed articolato;
2. il carattere di fenomeno che si realizza in un suo proprio tempo (sul quale non si può influire);
3. il carattere di fenomeno educativo (con diverse sfaccettature);
4. il carattere di fenomeno di grande complessità (costitutiva ed interpretativa). Si tratta della "complessità" così come indicato proprio dalla "scienza della complessità";
5. il collegamento alla storia motoria del singolo soggetto, che vuol dire comprendere eredità, personalità, la fondamentale azione dell'ambiente, le risposte individuali di ciascun soggetto, conseguente assecondamento di attitudini ed individualizzazione dell'approccio;
6. il carattere del fenomeno pratico (= che vive di una sua caratteristica prassi) che utilizza l'esercizio fisico per perfezionare il movimento;
7. il carattere di fenomeno che tenta (tenta e basta!) in misurare gli effetti dello stesso;
8. la dimensione pratica (anche se di interpretazione aleatoria) dei cosiddetti parametri del carico di lavoro;
9. la dimensione deontologica ed etica del fenomeno in questione;
10. il collegamento ai limiti della capacità e dell'allenabilità del soggetto.

Chiudo ricordando che non sempre dire di più significa complicare le cose, spesso il risultato dell'aggiungere è una progressiva semplificazione. I percorsi lo sono sempre: hanno punti di partenza, cammini, punti di arrivo. Così è dell'allenamento, così di una sua definizione, quando la si tenti, la si insegua, la si raggiunga. Ma senza appagarsene mai.»

Definizione (Weineck, 2007)

«In generale, nel linguaggio corrente, il termine "allenamento" viene utilizzato nei settori più diversi (fisico, psichico, motorio, cognitivo, etc.), intendendo con esso un processo di esercitazione che tende al miglioramento del relativo settore di obiettivi.
Il concetto di "Allenamento Sportivo" comprende la preparazione fisico-energetica, psicosociale, tecnico-coordinativa e tecnico-cognitiva dell'atleta, realizzata attraverso esercizi fisici e diretta a migliorarne le prestazioni, secondo il settore sul quale esso è indirizzato.
Così, anche nello sport scolastico e in quello della salute, l'allenamento sportivo mira a uno sviluppo pianificato e mirato della capacità di prestazione fisica.
Da un punto di vista orientato soprattutto verso i problemi della prassi dello sport, l'allenamento si definisce come: "un processo d'azione complesso che si pone lo scopo di influire, in modo pianificato e rivolto a un ogetto (specifico), sullo stato (livello) di prestazione sportiva e sulla capacità di realizzare nel migliore dei modi possibile tale prestazione in situazioni di competizione". Inoltre, dallo scopo particolare dell'allenamento dipende se per suo tramite lo stato (livello) della prestazione dell'atleta debba essere aumentato, conservato (allenamento di mantenimento), oppure volutamente diminuito (disallenamento).
Secondo i diversi stati di sviluppo e le finalità perseguite si possono realizzare tipologie di allenamento molto diverse, come avviene, ad esempio, nell'allenamento di alta prestazione, nell'allenamento della fitness, in quello riabilitativo, in quello della tecnica, in quello dei principianti o dei bambini e così via.»

Definizione (Platonov, 1996)

«La competizione si basa sul confronto, sulle regole esecutive delle azioni motorie, sulle norme comportamentali dei contendenti e sui mezzi per calcolare i risultati ottenuti.
L'attività sportiva comporta due aspetti:

- il perfezionamento delle capacità
- la produzione di prestazioni

Essi conducono alla performance sportiva, il cui livello dipende da molteplici fattori: una prestazione elevata esprime le possibilità massimali di un individuo in una disciplina in un preciso momento del suo sviluppo. A livello collettivo, essa esprime il livello di sviluppo della disciplina, la disponibilità di una società nei suoi confronti

e l'efficacia di una scuola.
La preparazione alla performance sportiva è, quindi: "un processo complesso nel quale intervengono l'allenamento sportivo propriamente detto e l'insieme delle condizioni nelle quali si evolve l'atleta".
L'allenamento sportivo comprende il complesso dei lavori che assicurano una buona salute, un'educazione, uno sviluppo fisico armonioso, una padronanza tecnica e tattica ed un livello di sviluppo delle qualità specifiche. Questi impegni hanno anche lo scopo di apportare un insieme di conoscenze teoriche e metodologiche concernenti o sport considerato.
Un grande ruolo viene giocato anche da altri fattori quali:

- posto che lo sport occupa nella società
- livello di sviluppo scientifico e tecnico del paese

Trovano una certa rilevanza:

- livello delle conoscenze e la preparazione pedagogica dell'allenatore
- qualificazione dei responsabili sportivi
- qualità dell'educazione teorica dello sportivo, garante della propria attitudine ad evolversi

L'allenamento determina trasformazioni morfologiche e funzionali multiple. Lo "stato di allenamento", che riflette l'adattamento biologico generale dell'organismo deve essere distinto dallo "stato di preparazione", che esprime la capacità dell'organismo a manifestare le sue possibilità massimali nel corso di una competizione. Esso coinvolge componenti supplementari come le conoscenze teoriche e l'attitudine a mobilitarsi fino ala fine di un confronto. Potremmo dire che lo stato di preparazione condiziona la forma sportiva.
Nello stato di allenamento si distingue abitualmente:

- allenamento generale, che risulta dagli esercizi che migliorano la salute e aumentano le possibilità funzionali generali
- allenamento specifico, che deriva dal perfezionamento in un campo specialistico di attività

Alcuni autori descrivono anche "l'allenamento annesso", che occupa un posto intermedio fra le due forme appena descritte.»

Definizione (Harre, 1977)

«Nell'ambito dello sport noi parla di *allenamento sportivo* e, con questo termine, intendiamo in generale la preparazione degli atleti per il raggiungimento di più

elevate e massime prestazioni sportive. Attualmente questo concetto viene usato sia in senso ristretto che anche in quello più lato. Così Matwejew (1982) intende per allenamento sportivo in senso più ristretto la preparazione fisica, tecnico-tattica, intellettuale, psichica e morale dell'atleta, con l'ausilio di esercizi corporei (cioè mediante un carico fisico).
L'allenamento sportivo, nel senso più lato, lo intendiamo come un processo generale programmato della preparazione degli atleti ad elevate e massime prestazioni sportive.
L'allenamento sportivo è quindi *"il processo di perfezionamento sportivo orientato verso principi scientifici, e particolarmente pedagogici, il quale, mediante l'influenza metodica e sistematica sulla possibilità e capacità di prestazione, tende a condurre l'atleta verso elevate e massime prestazioni in una specialità e disciplina sportiva"*.»

Definizione (Martin, 1997)

«Il concetto di allenamento viene utilizzato sia nel linguaggio comune che in quello di molte scienze. Così, ad esempio:

1. Hollmann (1966): considera l'allenamento come "somma di tutte le sollecitazioni (stimoli) applicate in un determinato periodo di tempo, che portano a cambiamenti funzionali e morfologici dell'organismo";
2. Stegemann (1971): dal punto di vista della *psicologia della prestazione*, definisce l'allenamento come "un'azione che migliora la capacità di prestazione attraverso la variazione misurabie della struttura organica";
3. Ulich (1973): spiega l'allenamento, in base ad una interpretazione inspirata alla *psicologia dell'azione*, come "quel processo pianificato che provoca un miglioramento delle abilità e delle possibilità, cioè anche dei piani e delle strutture dell'azione";
4. Carl & Kayser (1976), inspirati dalla teoria dell'azione, mostrano come l'allenamento possa essere inteso dal punto si vista di una *teoria dell'allenamento:* "L'alllenamento sportivo è un complesso processo d'azione che ha per scopo un'azione pianificata e specifica sullo sviluppo della prestazione sportiva";
5. Martin (1977): "L'allenamento sportivo è un processo controllato da un piano con il quale, attraverso misure d'allenamento, debbono essere raggiunte variazioni del livello (stato) della prestazione complessa o capacità d'azione motoria, secondo determinati obiettivi".

In confronto ad altre forme di attività fisica (gioco o insegnamento dell'educazione fisica), nell'allenamento l'accento principale viene posto sull'*efficace miglioramento* della capacità di prestazione sportiva, ma esso come ogni agire umano ha

un'azione sull'intera personalità di chi si allena. Si tratta di un rapporto del quale deve essere ben cosciente ogni istruttore, insegnante, allenatore, per valutare contemporaneamente nelle sue decisioni sull'allenamento il *piano pedagogico e metodologico*, tenendo conto di come si condizionino reciprocamente.
In base alle riflessioni ispirate alla teoria dell'azione sopra citate, definiamo l'allenamento come un *"complesso processo d'azione", che è diretto allo sviluppo secondo un piano di un determinato stato di prestazione sportiva ed alla sua dimostrazione in situazioni di confronto sportivo, specialmente in gara*".»

1.
CONSIDERAZIONI PRELIMINARI SULL'ALLENAMENTO

L'allenamento sportivo può essere considerato come un progetto di somministrazione organizzata, sistematizzata e continua di esercizi fisici (definiti mezzi di allenamento).

Gli esercizi fisici si differenziano tra di loro per alcuni aspetti fondamentali:

a) tipo particolare di gesto (struttura formale e andamento spazio-temporale del movimento);
a) numero, tipo e localizzazione dei muscoli interessati;
b) livello di forza e di potenza prodotto dalla contrazione muscolare;
c) velocità e ampiezza del movimento,
d) tipo di contrazione muscolare (isometrica o aussotonica, concentrica o eccentrica); intensità e/o durata dell'attività;
e) peculiarità della coordinazione dell'attività muscolare globale (intermuscolare) e dell'attività delle diverse unità motorie (intermuscolare).

A seconda dell'obiettivo particolare che attraverso gli esercizi fisici ci si propone di raggiungere, questi possono essere classificati in particolari categorie.

Tra le molte classificazioni proposte nel corso degli ultimi decenni, la più semplice, ma anche la più rispondente ai fini applicativi, può essere considerata quella che prevede la suddivisione in tre grandi gruppi di tutti gli esercizi utilizzati in una particolare specialità sportiva.

I tre gruppi vengono schematicamente definiti come:

- gruppo delle esercitazioni a carattere generale, o fondamentali;
- gruppo delle esercitazioni a carattere speciale;
- gruppo delle esercitazioni cosiddette simili alla gara.

A questo punto è opportuno sottolineare che la composizione di ciascun gruppo è caratteristica di ogni specialità sportiva, dal momento che gli obiettivi di allenamento di ciascuna disciplina sono specifici e, perciò, quasi sempre molto diversi tra loro. In altre parole, poiché l'allenamento per una specialità sportiva si propone l'obiettivo particolare di rendere l'organismo dell'atleta sempre capace di effettuare una prestazione in quella specialità stessa, è evidente che i mezzi per raggiungere tali specifici adattamenti debbano essere in fondo,tutti più o meno specifici per quella particolare attività. (Andorlini, 2013)

ESERCITAZIONI GENERALI O FONDAMENTALI

Si definiscono “generali” o fondamentali, usando una terminologia più moderna ed appropriata, quelle esercitazioni che concorrono a sviluppare le qualità fisiche e fondamentali, che contribuiscono:

- inizialmente, a rendere il più possibile equilibrato lo sviluppo organico e strutturale dell’atleta (colmando carenze molto evidenti che, pure non condizionando direttamente la presentazione sportiva, potrebbero costituire un importante sostegno indiretto di quest’ultima);
- in seguito, a sviluppare e considerare in maniera per così dire analitica (senza, cioè, fare riferimento alle peculiari modalità di espressione delle diverse qualità all’interno nella competizione) le qualità che sono indispensabili al miglioramento delle prestazione.

Da questo particolare punto di vista, queste esercitazioni, piuttosto che “a carattere generale”, potrebbero essere più efficacemente definite, come già detto, esercitazioni fondamentali.

Esse, non essendo strettamente correlate con il modello della prestazione specifica, possono anche determinare, quando utilizzate massicciamente, un temporaneo scadimento delle capacità di prestazione specifica. Tra l’altro, questo rappresenta uno dei motivi per i quali è del tutto sconsigliabile la partecipazione alle competizioni, nel corso dei periodi di allenamento in cui vengono utilizzate, in maniera significativa, le suddette esercitazioni.

In quanto fondamentali, esse rivestono una grande importanza nelle fasi iniziali dell’avviamento alla specializzazione, dato il carattere formativo e “di costruzione”, in seguito sia strutturale sia funzionale, che posseggono. A misura che cresce il livello di qualificazione dell’atleta, esse vengono sostituite progressivamente da percentuali sempre più elevate di esercitazioni a carattere speciale, anche se non scompaiono ma dalla struttura dell’allenamento, contribuendo così sia all’arricchimento numerico delle esercitazioni sia al consolidamento delle capacità di base della prestazione medesima.

Si tratta, in definitiva, di un gruppo molto numeroso di esercitazioni, la cui natura e la cui collaborazione nel gruppo degli esercizi fondamentali dipendono dalla specialità praticata. Si pensi, per esempio, al significato di esercitazione fondamentale che la corsa veloce riveste per il corridore di maratona, per il quale, invece, sono speciali le esercitazioni di corsa a velocità inferiore a quella massima. Quello che si vuole qui sottolineare è che non è il livello di intensità alla quale una esercitazione viene svolta a rendere questa più o meno speciale, ma, piuttosto, il riferimento costante al modello di gara. In questo senso la corsa ad alta velocità può costituire un esercizio fondamentale per il maratoneta e speciale per il corridore di velocità o di corse di media distanza.

Questo gruppo di esercitazioni ha, nel passato, contraddistinto la parte iniziale della preparazione annuale dell'atleta, che spesso si identificativa addirittura in questo tipo di esercizi, al punto tale da dare il nome al periodo in questione: si parlava, infatti, di periodo generale di allenamento o periodo di allenamento generale (oggi, molto più propriamente, ci si riferisce al periodo fondamentale).

Tale visione era, in parte, giustificata dalla particolare concezione che si aveva, allora, dell'allenamento, che prevedeva una sosta alla fine del periodo agonistico(vero e proprio periodo di riposo) spesso molto lunga, prima di intraprendere un nuovo ciclo di lavoro. Il conseguente e molto marcato scadimento dell'efficienza fisica generale dell'atleta rendeva necessaria, alla ripresa dell'allenamento, la massiccia e prolungata utilizzazione di questi mezzi di allenamento.

Una visione più moderna del problema prevede una relativa utilizzazione di tali forme di esercitazioni fin dall'inizio della preparazione, ma con percentuali di utilizzazione che vanno sempre più scemando a misura che cresce la qualificazione dell'atleta.

Un impulso notevole a questa maniera di interpretare anche il periodo iniziale di allenamento è stato dato anche dalla progressiva riduzione, che si è osservata, nel tempo, in tutte le scuole di allenamento internazionali, della durata del periodo di sosta tra due cicli di allenamento (cosiddetto periodo di transizione o di passaggio; ridotta ai minimi termini, 1-2 settimane al massimo, e dalla utilizzazione di forme di preparazione complementari, aventi per obiettivo quello di evitare un troppo marcato scadimento dell'efficienza fisica dell'atleta. (Brunetti, 2003).

ESERCITAZIONI A CARATTERE SPECIALE

Si definiscono "a carattere speciale" quelle esercitazioni che ripongono parti significative del modello cinematico e dinamico della prestazione di gara. In definitiva, si tratta di esercitazioni che, nel loro svolgimento concreto, assomigliano sostanzialmente ai gesti, alle azioni e ai comportamenti dell'atleta nel corso della sua specifica competizione o, comunque, a parti importanti di essa. Si è detto "sostanzialmente", perché, in realtà, esse possono anche presentare una modifica delle modalità di reale svolgimento della competizione e prevedere, perciò, modificazioni dinamiche dei gesti di gara, lasciando inalterata la forma (cioè la tecnica esecutiva). Da questo particolare punto di vista, molte esercitazioni speciali assomigliano fon-

damentalmente alla competizione, ma se ne discostano, per specifici fini adattativi:
- perché vengono svolte a intensità maggiore di quella prevista in competizione (per esempio, più velocemente o ricorrendo a espedienti facilitanti il movimento, come il lancio di pesi più leggeri di quello regolamentare);
- o perché vengono svolte a intensità relativamente inferiore rispetto a quella tipica di gara (per esempio, più lentamente o mediante espedienti tali da rendere più difficile l'esecuzione del gesto o dei gesti, come nel caso di lanci effettuati con attrezzi più pesanti di quelli standard).

L'ambito di scostamento dai dinamismi caratteristici della competizione (possibilità di essere più veloci o più lenti, utilizzare più o meno forza,ecc.) è delimitato sempre dall'obbligo del rispetto di un'esatta esecuzione del gesto tecnico: lo scadimento della tecnica esecutiva è,infatti, sempre da evitare, poiché vanificherebbe i vantaggi dell'ottimizzazione della prestazione ricercata attraverso l'allenamento, con la creazione di stereotipi motori che certamente non assicurano il miglior rendimento della prestazione di gara.

Attraverso gli esercizi speciali si verifica il parziale trasferimento delle capacità analiticamente sviluppate la precedenza (attraverso le esercitazioni fondamentali) nella prestazione di gara, che di tali capacità rappresenta la sintesi dinamica. Per questo motivo, esse prevalgono nel periodo di allenamento precedente le competizioni, specie delle importanti, anche se, sopratutto ad alti livelli, esse sono presenti fin dall'inizio della preparazione. Tali esercitazioni, essendo strettamente correlate al modello di competizione, consentono l'effettuazione, nel periodo della loro massiccia utilizzazione, di competizione preparatorie alle gare più importanti. Il loro uso razionale, negli atleti di livello, consente, di fatto, di allungare il periodo per il quale può essere mantenuta una condizione specifica molto elevata e, dunque, un'altra capacità di prestazione.

Il numero di esercizi speciali per una determinata specialità sportiva è più ristretto rispetto al gruppo delle esercitazioni fondamentali, dal momento che l'esigenza di somiglianza con le particolarità tecniche della specialità stessa ne riduce le possibilità, anche numeriche, di espressione.

Gli esercizi speciali rappresentano un mezzo importante di sviluppo delle capacità di prestazione per atleti di medio e alto livello, per i quali viene ipotizzato che la formazione di base sia ormai quasi del tutto completa.

Per quanto riguarda le fasce giovanili di qualificazione, è bene sottolienare che gli esercizi speciali, lungi dal rappresentare la parte più rilevante della preparazione, costituiscono, tuttavia, un efficace (anche se contenuto nell'utilizzazione) mezzo di raggiungimento della più alta capacità di prestazione per ciascun soggetto in un determinato momento della sua evoluzione. (Mariani, 2008).

ESERCITAZIONI COSÌ DETTE SIMILI ALLA GARA

Si definiscono «simili alla gara» quelle esercitazioni di allettamento che sono caratterizzate dalla proposizione reiterata di frazioni o di parti molto significative della competizione stessa. L'obiettivo che ci si propone di raggiungere attraverso le esercitazioni simili alla gara è quello di abilitare progressivamente l'atleta a svolgere il compito agonistico specifico con il miglior rendimento, cioè con il rapporto più favorevole tra energia utilizzata (biochimica, nervosa, psichica in senso lato, ecc.) e lavoro meccanico ottenuto. In definitiva, si tratta del lavoro di sintesi per eccellenza, dal momento che esso consente all'atleta di utilizzare tutti ì fattori allenati in precedenza (a volte, come si è già visto, separatamente):

a) o in rapide sequenze di gesti scandite da particolari dinamismi e ritmi esecutivi (se trattasi di specialità acicliche a prevalente contenuto tecnico);
b) o in sequenze cicliche, ove acquista un ruolo predominante la corretta e oculata distribuzione delle energie e, più in generale, dell'impegno(specialità cicliche);
c) o, ancora, in schemi tattici più o meno complessi ove acquista un ruolo determinante la tattica di competizione (fondamentalmente, i giochi sportivi).

Per tutto quanto sopra espresso, occorre sottolineare il fatto che le esercitazioni simili alla gara non sono finalizzate all'intervento di una singola capacità (fisica o psichica che sia) ma, piuttosto, a sperimentare e affinare l'interazione tra le molteplici capacità che concorrono a determinare il livello della prestazione.

Per questo motivo, la loro effettuazione richiede sempre un elevato stato di freschezza nervosa, tale da garantire un'esecuzione il più possibile simile a quella che si ricerca e si richiede all'atleta al momento della competizione (esecuzione tecnica ai massimi livelli di espressione dell'atleta, intensità di lavoro adeguata, rispetto delle consegne tattiche.

L'espediente metodologico attraverso il quale si riesce a garantire il soddisfacimento delle predette esigenze consiste, in pratica, nell'adozione di pause di recupero tra le esercitazioni di gara in grado di allontanare ed eliminare i sintomi e gli effetti della fatica dovuta all'effettuazione del lavoro svolto fino a quel pulito. Le pause tra le diverse esecuzioni sono, così, sempre molto lunghe, anche se non è possibile una loro rigorosa codificazione, dipendendo esse dalle caratteristiche particolari del soggetto e dal tipo di lavoro fisico svolto.

Accanto alla notevole lunghezza delle pause di recupero, va sottolineata l'altra caratteristica fondamentale di queste esercitazioni. che è rappresentata da volumi dì carico complessivamente non elevati rispetto ai volumi svolti con esercitazioni speciali e fondamentali nei periodi precedenti, e da densità di carico, nel complesso, molto ridotta. (Platonov, 2004).

RAPPORTO TRA LE DIVERSE ESERCITAZIONI NEL CORSO DELL'EVOLUZIONE DELL'ATLETA

Il processo di allenamento deve essere sempre considerato come la risultante dell'effetto della proposta e dell'applicazione dei tre diversi gruppi di esercitazioni fisiche sopra descritti. Indipendentemente dallo sviluppo della carriera sportiva, dal periodo particolare del ciclo annuale di lavoro, dalla specialità praticata, dall'effetto fondamentale che ci si prefigge di raggiungere in quel periodo particolare (formazione, mantenimento, consolidamento, stabilizzazione di capacità, ecc.), nel corso dell'allenamento saranno sempre presenti sia esercitazioni a carattere fondamentale, sia esercitazioni a carattere speciale sia, infine, esercitazioni simili alla gara. Ciò che varia, dal punto di vista pratico-applicativo, è la particolare distribuzione percentuale delle esercitazioni, con modalità che possono prevedere:

- l'uso massiccio di un gruppo di esercitazioni per un periodo determinato di tempo (in questo caso, gli altri due gruppi saranno molto ridotti nell'utilizzazione) per realizzare particolari «blocchi» di lavoro (utilizzazione perciò contenuta in un determinato, ben preciso periodo di tempo);
- l'utilizzazione dei tre gruppi secondo una giusta apposizione che consenta di affrontare e cercare di risolvere contemporaneamente diversi obiettivi della preparazione.

Il motivo fondamentale per il quale occorre sempre prevedere l'utilizzazione congiunta dei tre grandi gruppi di esercitazioni è da ricercare nella necessità che lo sport moderno avverte di trasferire continuamente le capacità fisiche, via via sviluppate in maniera analitica, nell'esecuzione tecnica specifica della disciplina praticata, in maniera che vi sia sempre la concordanza e l'adeguamento delle qualità sviluppate allo schema motorio delle specialità. Per questo stesso motivo superata la pratica del passato che prevedeva l'utilizzazione in successione delle esercitazioni fisiche disponibili in una particolare specialità (per esempio, prima quelle fondamentali, poi quelle speciali, poi quelle simili alla gara). Risulta infatti evidente l'inevitabile perdita di parte considerevole delle capacità, volta per volta acquisite attraverso l'utilizzazione di determinate esercitazioni, che si avrebbe dopo il loro completo abbandono: in questo caso, la conseguenza più grave si identificherebbe proprio in uno scadimento complessivo (anche se, in realtà, non particolarmente marcato) della tecnica esecutiva, che non potrebbe più giovarsi del sostegno delle qualità precedentemente incrementate e trasferite nei dinamismi tecnici propri del modello di prestazione.
Purtuttavia, va sottolineato il fatto che nella stessa modalità di definire i tre gruppi di esercitazioni fisiche è contenuta, in un certo senso, la nozione della priorità, secondo la quale dovrebbe essere prevista l'accentuazione, volta per volta, di un

gruppo o dell'altro o dell'altro ancora, o di due di essi rispetto ad un terzo. Ciò, in altre parole, significa valutare l'intera carriera sportiva:

1. le esercitazioni fondamentali possono avere un peso notevole in fase di formazione iniziale, all'inizio dei differenti cicli di lavoro e ogni qualvolta vi sia l'esigenza risolvere particolari problemi di sviluppo dell'allenamento (anche nell'alto e nell'altissimo livello) o di riprendere l'attività dopo periodi di interruzione per qualsiasi motivo intervenuto;
2. le esercitazioni speciali possono assumere un'importanza sempre più considerevole nel passaggio dalla formazione giovanile all'allenamento specialistico e alla specializzazione vera e propria delle fasce dell'alta qualificazione agonistica e, comunque, tutte le volte che nell'arco del ciclo particolare di allenamento sia necessario il perseguimento mirato della più alta capacità di prestazione;
3. le esercitazioni simili alla gara rivestiranno evidentemente una grande importanza sia nelle fasi di iniziazione interna alla specialità (per fornire al principiante i fondamenti tecnici dello sport praticato, cioè per l'addestramento tecnico) sia al culmine detta preparazione annuale precedente il periodo competitivo e nel corso di quest'ultimo. Del resto, negli atleti di altissimo livello, una percentuale considerevole dell'allenamento può essere rappresentata per tutta la durata del ciclo di lavoro, proprio da esercitazioni strettamente correlate con la prestazione di gara, sia per il fatto che dovrebbero essere stati già risolti tutti i problemi relativi alta formazione delle capacità di base, sia per la necessità di sollecitare l'organismo dell'atleta con stimoli di intensità adeguata al livello di maturità e di qualificazione raggiunta tali stimoli non possono che essere, perciò, di intensità molto prossima (e addirittura superiore) a quella specifica di gara.

La necessità di miscelare í tre gruppi di esercitazioni, avvicendandoli secondo modalità peculiari e del tutto individualizzate, nasce del resto dagli scopi che con ciascun gruppo di esercitazioni è dato di raggiungere, come già visto in precedenza: da questo punto di vista, in linea di massima, gli esercizi fondamentali garantirebbero la stabilità della massima capacità di prestazione, senza però essere in grado di garantirne il raggiungimento; al contrario, gli esercizi speciali e quelli di gara garantirebbero il raggiungimento della capacità di massima prestazione, senza peraltro influire in maniera determinante sulla sua stabilità e sulla sua durata.

Per riassumere quanto osservato finora, si può dire in generale che, nel corso dell'evoluzione dell'atleta, fatto salvo il principio del contemporaneo ricorso all'utilizzazione di tutti i mezzi a disposizione:

- inizialmente, prevalgono gli esercizi a carattere formativo, generale e fondamentale;
- successivamente, vi è l'equipollenza tra quelli a carattere fondamentale e quelli degli altri due gruppi;

- nell'età della massima prestazione, prevalgono infine proprio questi ultimi, cioè gli esercizi speciali e quelli simili alla gara.

Un cenno particolare deve essere riservato, però, alla fascia iniziale di qualificazione, quella dell'avviamento alla pratica sportiva.

Per strano che possa sembrare, per questa fascia particolare di principianti, le sessioni di allenamento sono giocoforza rappresentate da molte esercitazioni speciali, dovendo il giovane acquisire i gesti tecnici fondamentali non solo della specialità elettivamente scelte, ma anche di altre specialità sportive ritenute altamente formative e, comunque, complementari di quella principale: è il concetto fondamentale dell'approccio tecnico multilaterale per l'acquisizione di un ampissimo repertorio di movimenti, necessario e anzi indispensabile per garantite la corretta formazione e iniziazione sportiva dei giovani atleti. (Marella, 1984)

SIGNIFICATO DI MEZZO E DI METODO DI ALLENAMENTO

Prima di affrontare il discorso concreto delle modalità attraverso le quali è possibile allenare, cioè incrementare, le diverse qualità fisiche, è opportuno soffermarsi sul significato di alcuni concetti che si possono considerare basilari (anzi indispensabili) per procedere nella comprensione del fenomeno «sviluppo delle qualità».

Viene, pertanto, qui introdotto il significato dei concetti: mezzo e metodo. Quando si paria di mezzo, si fa riferimento ai mezzi allenamento, cioè al tipo dì esercitazione che viene utilizzato per stimolare, per esempio, un distretto muscolare del quale si intende sviluppare la forza. Il mezzo di allenamento si può, pertanto, considerare uno strumento concreto di lavoro, del quale però necessita di conoscere le modalità attraverso cui esso può essere utilizzato per produrre i migliori risultati.

Il metodo di allenamento risponde a quest'ultima esigenza. in quanto espone proprio la maniera, chiara e inequivocabile, con la quale il mezzo di allenamento, (cioè, in definitiva, alcune specifiche esercitazioni fisiche) deve essere utilizzato per produrre i risultati desiderati.

Un metodo è dunque una vera e propria metodologia pratica di lavoro, esso contiene alcune indicazioni chiave, riguardanti:

a) l'entità del carico (valore ponderale del carico adoperato, velocità con la quale il carico stesso deve essere spostato la durata del lavoro, ecc.);
b) la descrizione dei singoli esercizi (esercitazioni) e la definizione del loro numero (il numero delle volte che occorre ripetere ciascun esercizio, la definizione, cioè della serie);
c) il numero delle serie per le quali un esercizio deve essere svolto (il numero delle serie ritenuto utile per produrre effetti concreti);

d) l'intervallo di recupero tra gli esercizi e tra le diverse serie (a causa dell'evidente variabilità temporale degli intervalli e delle pause).

È evidente che le modalità con le quali i suddetti fattori e parametri possono essere utilizzati e combinati tra loro sono praticamente infinite. Il ricorso, in misura maggiore o minore, a ciascuna di esse costituisce per l'addetto ai lavori (allenatore, tecnico, istruttore, insegnante, ecc.) una scelta in parte razionale in parte creativa, ovviamente in relazione ai particolari risultati che egli si prefigge e che intende, perciò, perseguire. (Bellotti, 1999)

2.
LA STRUTTURA DEL PROCESSO DI ALLENAMENTO

GENERALITÀ

Come già più volte sì è detto net corso dei precedenti paragrafi, l'insieme delle esercitazioni previste dal processo di allenamento, in una particolare specialità sportiva e per un determinato obiettivo, deve essere organizzato in maniera da consentire il raggiungimento, nel tempo, degli obiettivi fissati in partenza.

Organizzare significa, in questo caso prevedere:

a) tutte le esercitazioni necessarie allo sviluppo della prestazione: quelle, cioè, relative alla formazione fisica, alla formazione tecnico-tattica, alla specializzazione meno approfondita;
b) i parametri di quantità e di intensità che devono contraddistinguere le suddette esercitazioni;
c) il particolare andamento temporale delle stesse;
d) giustapposizione più efficace delle esercitazioni, ai fini dell'«effetto alienante» complessivo.

Il concetto di organizzazione comporta, pertanto, quello di smaltirti del processo di allenamento, cioè di particolare articolazione dei differenti momenti dell'allenamento stesso, in vista del raggiungimento dì obiettivi più e meno importanti, ma tutti indispensabili ai fini del conseguimento del risultato prefissato, ovvero della prestazione massima possibile e consentita atleta. Nelle pagine che seguono vengono pertanto presi brevemente in considerazione, specie dal punto di vista della definizione terminologica, gli elementi fondamentali della struttura dell'allenamento; verranno affrontati i temi relativi alla ciclicità del processo e alla sua maniera di dipanarsi e di svolgersi nel tempo, attraverso un andamento pianificato che tenga conto di obiettivi a breve, medio e lungo termine. (Madella, 2000)

SEDUTA DI ALLENAMENTO

Si definisce seduta di allenamento il più piccolo degli elementi costituenti la struttura dell'intero processo di allenamento. Essa, che viene da molti definita anche unità di allenamento, deve essere considerata come un elemento relativamente complesso, in quanto non racchiude in genere un solo mezzo di allenamento, risultando, invece, composta assai spesso di diversi elementi e di diverse esercitazioni.

La seduta di allenamento, in quanto struttura complessa e composita, rappresenta il risultato evolutivo delle esigenze di specializzazione delle differenti discipline sportive:

1. necessità di proporre stimoli di allenamento diversi, da abbinare e da miscelare oculatamente, volta per volta;
2. necessità di allenarsi alle per diverse ore, per svolgere grandi volumi di carico;
3. necessità dì intervallare e alternare carichi elevati con carichi più bassi;
4. la necessità di allenare una qualità da diversi punti di vista, nella medesima seduta di lavoro.

D'altra parte, non si, tratta mai di miscele di carichi equipollenti ed equivalenti o da proporre senza priorità; concorrono sempre, infatti:

- un obiettivo fondamentale da raggiungere in ogni seduta (sia esso tecnico, organico-muscolare,tattico, ecc.), cui abbinare
- obiettivi secondari o complementari da raggiungere con altri mezzi di allenamento, da proporre prima o dopo il carico principale; e
- fase anch'esse quasi sempre indispensabilii, di preparazione al carico (cosiddetto riscaldamento);
- fasi di progressivo calo dell'attività fisica, alla fine dei carichi allenati (cosiddetto defaticamento).

Esiste, anche se non è tassativa, una modalità particolare di organizzazione e di distribuzione dei diversi elementi: nel corso della particolare seduta di allenamento, Generalmente, dopo il riscaldamento si preferisce privilegiare le attività che impegnano maggiormente l'atleta dal punto di vista della concentrazione mentale e psichica, e che richiedono, perciò, capacità attentive inalterate e condizioni di freschezza nervosa e muscolare. Anche gli esercizi di forza veloce e massima dovrebbero essere collocati all'inizio, perché per essere efficaci devono essere svolti all'intensità richiesta e non in condizioni di stanchezza che tale intensità non sarebbero in grado di garantire.

Per atleti evoluti, in particolari momenti della preparazione (quando é necessario, cioè, svolgere grandi volumi di carico di allenamento), non infrequente l'utilizzazione, in una sola giornata, di dievrse unità, cioè, sedute di allenamento (due in genere: in alcuni sport, come il nuoto e la ginnastica artistica, addirittura tre), per esempio collocate al mattino e al pomeriggio. Questa suddivisione del carico complessivo previsto in diverse unità di lavoro consente, evidentemente, di svolgere un maggior volume di carico. a una intensità media complessiva più elevata, sovente con l'utilizzazione di un maggior numero di mezzi di allenamento.

MICROCICLO DI ALLENAMENTO

Il microciclo è la struttura più complessa dell'unità. Esso comprende, negli atleti evoluti e, comunque, già avviati alla specializzazione, un numero di unità di allenamento sufficiente a consentire la stimolazione ottimale di tutte le capacità richieste dal modello di prestazione e dal particolare periodo di allenamento.

Le unità di allenamento sono collegate tra loro da rapporti di consequenzialità, di successione temporale, di sviluppo logico del processo di allenamento e tengono nel debito conto le caratteristiche individuali e i bisogni specifici del singolo atleta, in riferimento anche alla particolare alternanza tra carico e recupero, tra carichi di diversa intensità, tra carichi di diverso volume, tra carichi di diversa intensità e carichi caratterizzati, invece, prevalentemente dal parametro volume.

In realtà, non si tratta sempre di alternare carichi intensi con carichi meno intensi, poichè assai più spesso si tratta, invece, di alternare carichi più o meno intensi rivolti a un sistema o a un apparato o a una qualsiasi struttura dell'organismo con carichi più o meno intensi agenti su una struttura, un apparato o un sistema organico diverso. In questo senso, è possibile che a carichi elevati seguano, senza particolari problemi, carichi altrettanto elevati, ma interessanti strutture diverse dell'organismo e tali da consentire il recupero di quelle che erano state impegnate massicciamente nella seduta precedente (vedi Cap. 2). In genere un mierocielo dura una settimana per motivi di organizzazione sociale (disponibilità di impianti, impegni lavorativi, impegni scolastici, organizzazione familiare, ecc.), senza però escludere durate di poco inferiori oppure anche leggermente superiore.

Non si possono ipotizzare microcicli molto brevi, poiché in pochissimi giorni non possono essere racchiusi tutti gli elementi che devono contraddistinguere il processo di allenamento (principio della ricchezza di mezzi); nè possono essere previsti m troppo lunghi, perché si rischierebbe di non provocare la necessaria sommazione dei carichi omogenei, i quali devono trovarsi ad intervalli opportuni: evidentemente, non troppo brevi e non troppo lunghi.

Il microciclo, riferito ai giovani in via di formazione, non si pone con lo stesso rigore dei microcicli dell'atleta evoluto, poiché altri aspetti lo caratterizzano:

- formare e non specializzare;

- arricchire di contenuti;
- far prevalere gli aspetti ludici su quelli agonistici ufficiali, con l'obiettivo di conservare inalterati l'interesse e la motivazione.

In definitiva, il microciclo di allenamento é, nei giovani, struttura assai più flessibile e modificabile di quella prevista per gli atleti adulti, anche se non va dimenticato mai il principio per il quale i carichi di lavoro devono, per essere davvero efficaci, provocare sufficiente affaticamento nel soggetto, giovane o adulto che esso sia. (Schmidt, 2000)

CICLO FUNZIONALE DI ALLENAMENTO

Molti autori definiscono l'insieme di più microcicli di lavoro di allenamento intendendo per tale una struttura ancora più complessa del microciclo, avente per obiettivo quello di provocare in maniera significativamente massiccia fenomeni di adattamento ai carichi fisici, dovuti alla ripetizione e, perciò, alla sommazione di diversi tipi di carico omogenei tra loro. In questa trattazione, viene preferita la terminologia ciclo funzionale, per definire un lasso di tempo concluso all'interno del quale si perseguono obiettivi di sviluppo più imponente e macroscopico riferito a un numero più o meno ristretto di capacità: può ricorrere il caso di cicli funzionati allo sviluppo pressoché unico della forza muscolare oppure della resistenza lattacida oppure della tecnica oppure, ancora, dell'espressione sinteticadi tutte le capacità allenate in precedenza, in vista del raggiungimento della forma sportiva e, perciò, della più alta capacità dì prestazione: queste varianti sono da riferirsi ad atleti ormai molto avanti nel loro processo di formazione sportiva.

Gli obiettivi specifici di un ciclo funzionale sono, evidentemente, anche collegati con quelli degli altri, precedenti e seguenti cicli funzionali: ciò nel senso che le manifestazioni concretamente apprezzabili, durante e successivamente al ciclo funzionale possono non essere relative a una crescita della o delle capacità allenate, ma essere costituite da un apparente decremento di quelle stesse capacità.

In genere, i cicli funzionali terminano con alcuni giorni di minor carico e addirittura di riposo. È quello che molti chiamano microciclo di scarico del ciclo funzionale. Questa visione (alcuni microcicli di carico seguiti da un microciclo di scarico), sul principio di dover garantire la super-compensazione dei carichi di allenamento proposti, è da qualche autore, oggi, non del tutto accettata specie nel riferimento ad atleti di alto livello. Infatti, è assai più plausibile (a realizzazione dei fenomeni adattativi già all'interno del microciclo di lavoro, trattandosi, come già devo più sopra, di giustapporre, seduta per seduta, in maniera razionale, i diversi carichi e garantire, così l'affaticamento di strutture e funzioni che precedentemente erano state poco per niente sollecitate e il contemporaneo recupero da parte di altre strutture e funzioni che erano, invece, state sottoposte a un impegno gravoso.

Si sottolinea, perciò, nuovamente, l'importanza per l'allenatore, di disporre un'ampia libertà di manovra, per modificare, a seconda delle necessità riscontrale quotidianamente e delle risposte concrete dell'atleta alle sollecitazioni dell'allenamento, ì programmi predisposti e, cosi, la struttura della seduta, in rapporto a quelle già svolte e a quelle da svolgere nei giorni successivi.

In conclusione il progetto di allenamento si predispone anticipatamente, nelle linee generali, ma esso non si configura come una struttura statica, in quanto passibile di essere adattato alle mutevoli e imprevedibili esigenze individuali e adattative tipiche del singolo atleta. (Andorlini, 2013)

PERIODO DI ALLENAMENTO

Si definisce periodo di allenamento un lasso di tempo di durata quasi sempre rilevante (in genere diversi mesi), nel quale si raggiungono obiettivi imponenti e di grande significato strategico, all'interno del processo dì preparazione. Sostanzialmente si parla:

- di periodi di preparazione (fondamentali e speciali o preagonistici);
- di periodi agonistici;
- di periodi di passaggio o transizione.

L'obiettivo primario del periodo preparatorio è quellodi mettere in atto tutti i provvedimenti utili per innalzare progressivamente e in maniera integrata il livello delle diverse capacità collegate con la prestazione di gara.

L'obiettivo fondamentale del periodo agonistico è quello di mantenere al livello più alto possibile e più a lungo possibile la massima capacità specifica di prestazione dell'atleta, consentendogli di competere adeguatamente, grazie alla stabilizzazione ad alto livello di tutte le capacità fisiche e psichiche condizionanti la prestazione medesima.

Il periodo di passaggio (o di transizione) rappresenta collegamento tra un periodo competitivo e il susseguente periodo di preparazione. Nel periodo di transizione si perde la la forma fisica e, dunque, la capacità di massima prestazione specifica, ma si cerca di mantenere sufficientemente elevata l'efficienza fisica dell'atleta, in maniera da poter affrontare il nuovo periodo di preparazione da una condizione psicofisica sufficientemente elevata. Perciò, il periodo di transizione è anch'esso un periodo di allenamento, anche se in esso prevalgono attività non strettamente connesse con la pratica della specifica disciplina sportiva, ma tali da presentare ovvi riferimenti funzionali e bionieceanici della stessa. Nella pratica, si tratta di utilizzare esercitazioni o altre attività motorie e sportive, aventi in contano alcune delle caratteristiche dei rispettivi modelli funzionali. (Bellotti, 1999)

CICLO O MACROCICLO DI ALLENAMENTO

L'insieme di un periodo preparatorio, di un periodo agonistico e di un periodo di passaggio costituisce un ciclo di lavoro. Infatti:

a) prepararsi per competere
b) competere
e) proiettarsi verso un nuovo periodo preparatorio

rappresentano, i tre diversi aspetti dell'intero processo di allenamento, aspetti che, pur stmseguentisi, sono sempre strettamente concatenati e anzi sfumati l'uno nell'altro. Molti autori chiamano questa struttura, che raccoglie tutti gli aspetti fondamentali dell'allenamento di un atleta (prepararsi e competere) macrociclo di lavoro, intendendo con tale locuzione la totalità del processo di sviluppo e di crescita funzionale di un atleta.

Nel corso della carriera di un atleta si avvicendano, collegandosi in maniera assolutamente logica, una serie di cicli di lavoro, ciascuno della durata di alcuni mesi fino a un anno circa. Si parla, perciò, di cicli annuali semestrali all'interno di un processo che è davvero a lunga scadenza, essendo la costruzione di una grande prestazione un fenomeno che necessità, come più volte ricordato, di numerosi anni per svilupparsi computamente ed estrinsecarsi al massimo grado. (Bellotti, 1992)

3.
LA VALUTAZIONE E IL CONTROLLO DELL'ALLENAMENTO SPORTIVO

CONCETTO DI TEST IN AMBITO SPORTIVO

La valutazione del livello delle capacità di prestazione dell'atleta deve essere effettuata in funzione delle specifiche esigenze e caratteristiche costitutive della particolare specialità sportiva: la valutazione deve, cioè, basarsi per essere davvero efficace e utile nella pratica, sul modello funzionale della prestazione considerata. Valutare un ciclista, intatti, è cosa assai diversa dal valutare un canottiere, perché diversi sono i modelli della prestazione specifica; e grave errore sarebbe quello, per esempio, di misurare la capacità specifica di resistenza di entrambi, ricorrendo a un metodo comune: per entrambi il remoergometro o per entrambi un cicloergometro o, peggio ancora, per entrambi la corsa su nastro trasportatore.

Ogni capacità va invece, valutata per il livello e le modalità delta sua espressione all'interno del modello della specialità e dunque, nel corso della prestazione o di una fedele simulazione della stessa.

Solo così sarà possibile costruire la fondamentale mappa delle potenzialità, di base nel giovane che evidenzia, nel corso della carriera, tappa dopo tappa. il livello attuale di estrinsecazione delle potenzialità, in accordo con la strategia del piano generale (pianificazione della carriera) e, ovviamente, del particolare periodo (periodizzazione)

Occorre, in definitiva, che esista, tra il modello della prestazione e il sistema di rilevazione di una capacità, una relazione significativamente importante, cioè una correlazione positiva alta o molto alta.

La prova scelta per valutare una capacità deve rifletterne le modalità di partecipazione alla prestazione, il caso di introdurre, a questo punto, il concetto di test, il quale non può però costituire l'unica base sulla quale fondare il processo di valutazione e di controllo. Lo sport di alta prestazione, attualmente. richiede una più complessa, articolata e specifica valutazione.

Sì può definire test ogni procedura che, in condizioni standardizzate e controllate, consente la misura in termini quantitativi di una capacità. Pertanto, un test motorio (sono, infatti, test motori quelli che in questa sede soprattutto interessano) esplora e dà informazioni, attraverso una concreta attività di movimento, su un aspetto della capacità motoria dell'individuo che pretende, anzi. di misurare in qualche modo, rilevandone:

a) il livello attuale (diagnosi);
b) il grado e il livello del processo del suo sviluppo;
c) le possibilità di sviluppo futuro (previsione).

In questo senso, un test può avere un duplice significato:

- quello di evidenziare i progressi di uno stesso soggetto nel tempo:
- quello di valutare l'appartenenza di un soggetto a una determinata classe di rendimento, mediante il raffronto con i dati e con la casistica disponibile.

L'insieme di più test collegati tra loro si definisce batteria di test. Una batteria di test può essere omogenea o eterogenea. Nel primo caso, essa si pone l'obiettivo di misurare una sola capacità da diversi punti di vista e richiede, perciò, una stretta correlazione tra i singoli test;nel secondo caso, essa cerca di fornire una valutazione di caratteristiche motorie complesse, prevedenti, cioè, l'intervento di fattori e variabili motorie, anche non strettamente collegati tra loro. Nell'uno e nell'altro caso, comunque, l'obiettivo è sempre quello di arrivare a una valutazione più precisa, più sicura e, dunque, più attendibile di quella che potrebbe fornire un test singolo. L'applicazione del concetto di test all'allenamento sportivo si fonda, nonostante diverse critiche che recentemente te sono state avanzate; sui procedimenti tipici della Fisica e della Statistica cosiddetta lineare (indici di correlazione e di regressione). Tale applicazione ha dato ottimi risultati nel passato e continua a darne anche nel presente, specie nel senso di un pratico supporto che, assai spesso, i test cosiddetti di laboratorio non sono riusciti e non riescono ancora a dare.

Pertanto, i test di campo, oggetto di questa sintetica trattazione, sono senz'altro da considerare come prove scientificamente fondate e attendibili per la valutazione dell'atleta. Ciò, naturalmente, qualora a essi si riescano ad applicare i criteri qualitativi fissati dalla teoria classica dei test.

Vale, d'altra parte, la pena di ricordare che, negli ultimi anni, anche i lesi di laboratorio si sono maggiormente adeguati alle reali necessità di speculazione sulle capacità possedute dall'atleta, nel senso di cercare di riprodurre anche in laboratorio, mediante specifiche macchine, le caratteristiche tipiche e peculiari del gesto sportivo: sono alcuni esempi molto significativi di questa tendenza i diversi ergometri specifici attualmente disponibili, come il remoergometro, il cicloergometro con differenti varianti, il nastro trasportatore, la vasca ergometrica, le pedane di misurazione della forza. (Giuliani, 2000)

REQUISITI DEI TEST MOTORI

I requisiti a cui un test deve assolutamente rispondere per essere considerato tale, sono fondamentalmente cinque: tre vengono definiti principali, due secondari. I requisiti fondamentali sono la validità, l'affidabilità e l'oggettività; quelli secondari la standardizzazione e l'economicità (Dal Monte, 1983).

Validità

La validità è, secondo il parere di molti autori, il più importante dei requisiti, ma è anche il più difficile da verificare, tanto è vero che, talvolta, lo si può fare solo in maniera approssimativa. Validità di un test significa che esso deve effettivamente misurare quello che ci si propone di misurare. Pertanto, la validità deve riferirsi:

- in parte, ai contenuti del test;
- in parte, ai criteri con cui essi sono stati scelti;
- in parte, infine, alle modalità di costruzione del tesi stesso.

Affidabilità

Per affidabilità di un test si intende la precisione formale delle misure da esso fornite. I test devono, in questo senso. dare sempre le stesse garanzie, se ripetuti. Ed è chiaro che ciò non dipende solo dal test in sé, ma anche dall'uso che se ne fa.

Oggettività

Per oggettività di un test si intende, invece, il grado di indipendenza esistente tra il risultato del test e colui che lo somministra. Un test dovrebbe garantire lo stesso risultato, indipendentemente dai soggetti che se ne servono, per provare le capacità di un atleta.

Standardizzazione

Per standardizzazione di un test si intende la necessità dell'approntamento di norme, cioè di dati empirici di riferimento, in grado di consentire di collocare i risultati dei tesi all'interno di classi di rendimento per gruppi particolari di individui (classificazione dei risultati), allo scopo di trarne indicazioni sul rendimento attuale e su quello futuro di un soggetto.

Economicità

Per economicità di un test. infine, si intende che per la sua effettuazione, non dovrebbero essere richiesti né troppo tempo né troppe spese. L'esperienza insegna che molti sono gli allenatori dissuasi dal ricorrere a una serie di mezzi di valutazione utili, ma macchinosi, costosi e richiedenti molto tempo sia per la loro applicazione sia per l'elaborazione dei risultati.

I requisiti di cui sopra si impongono e vanno sempre tenuti presenti, non soltanto per il fatto che altrimenti non sarebbe garantito il controllo della corrispondenza del processo di sviluppo dell'atleta con il processo di pianificazione dell'allenamento, ma anche per fornire all'atleta e all'allenatore la necessaria sicurezza e la necessaria fiducia nel progetto portato avanti insieme: la certezza che le verifiche dei test rappresentano la convalida della bontà di un intero processo costituisce la migliore garanzia per procedere lungo una strada che, nello sport soprattutto di alta prestazione, non è certamente agevole.

APPLICAZIONE PRATICA DEI TEST NEL CORSO DELL'ALLENAMENTO

L'applicazione pratica dei test nel corso dell'allenamento sportivo porta alla considerazione di una serie di aspetti per l'appunto pratici e che vanno tenuti sempre nella debita considerazione (Dal Monte, 2000).

Essi potrebbero essere chiamati punti chiave dell'applicazione dei test. Qui di seguito ne vengono elencati alcuni, tra i più significativi:

a) un test dovrebbe mirare a misurare una sola capacità o abilità o parametro, è inutile e fuorviante aspettarsi di più oppure pretendere di più o, addirittura, tentare di estrapolare altre informazioni da un risultato ottenuto da un singolo test;
b) molti soggetti, specie quelli di giovane età e di giovane formazione sportiva, non posseggono capacità di padroneggiamento delle tecniche esecutive, se le capacità tecniche non sono bene acquisite, il test (o i test) proposto non dovrebbe prevedere il possesso di tali capacità in chi lo esegue; la scarsa abilità motoria in un test che non valuta l'abilità motoria ma altri parametri e inficerebbe il risultato e farebbe trarre errate conclusioni;
c) per valutare un parametro è bene disporre di un test riproponendolo nel tempo. Si ottengono, infatti, scarsi risultati testando lo stesso parametro con test differenti, a meno che non si abbia come obiettivo quello dì convalidare nuovi metodi di procedure di testine;
d) bisogna porre molta attenzione affinché l'atleta, una volta posto nella situazione test comprenda esattamente ciò che gli viene richiesto, cosa deve essere misurato e perché, e possa sempre fornire il massimo impegno possibile: è questa una condizione essenziale da rispettare perché un test dia risultati significativi. Dopo l'effettuazione del test, i dati dovrebbero essere resi noti e facilmente interpretati e compresi dall'atleta;

e) il metodo per condurre la somministrazione di un test o di una batteria di test (aspetti organizzativi, necessità di materiali, caratteristiche ambientali, ecc.) dovrebbe essere condensato in una serie di semplici istruzioni, al fine di assicurare la standardizzazione delle procedure nelle successive sessioni.

Tale standardizzazione dovrebbe essere la più stretta e vincolante possibile e dovrebbe cercare di garantire la costanza:

- della sede e delle superfici utilizzate;
- della temperatura ambientale;
- dell'ora del giorno;
- nelle ragazze, della fase del ciclo mestruale;
- del grado dì motivazione;
- della persona che misura;
- della precedente assunzione di alimenti;
- del tempo richiesto per effettuare il cosiddetto riscaldamento;
- del tipo di abbigliamento, calzature incluse;
- delle attrezzature da utilizzare;

f) una seduta di test dovrebbe sempre es-sere preceduta da un'attenta preparazione della sede, delle schede di raccolta dei dati, delle attrezzature necessarie, ecc.;

g) i test non devono assolutamente essere considerati come fine a se stessi, in quanto essi sono semplicemente gli strumenti pratici da adottare nella valutazione delle condizioni di un atleta. In questo senso, i test sono mezzi, non fini.

Non bisogna dimenticare che il processo di valutazione di un atleta può coinvolgere diverse figure: medico, fisiologo, biomeccanico, psicologo, allenatore nonché i familiari, l'atleta stesso, ecc.

L'insieme delle valutazioni e delle misurazioni fatte dovrebbe essere riportato in una cartella personale dell'atleta, anche se, per il significato soprattutto pratico che hanno, le prestazioni dei test dì campo dovrebbero essere tenute sempre a portata di mano, per esempio, nel diario di allenamento dell'atleta.

Le condizioni da rispettare nell'applicazione dei test dovrebbero avere la funzione di innalzare la significatività degli stessi, cioè l'attendibilità delle misure rilevate. È il motivo per cui esse vanno considerate con grande attenzione e applicate scrupolosamente.

TEST ANALITICI E COSIDDETTI TEST DI SINTESI

Da quanto detto finora, sembrerebbe emergere che il test classicamente inteso, per il fatto di limitare il suo intervento alla valutazione di un solo parametro, certamente caratteristico della particolare specialità sportiva, ma non riflettente, ovviamente, l'insieme dei gesti della specialità, non può essere in grado di fornire informazioni sull'insieme delle componenti il modello di prestazione in quella particolare disciplina sportiva. Anche per questo motivo, diversi autori hanno cercato di elaborare sia batterie di test per determinate specialità sportive, sia indici che, mettendo insieme i diversi risultati ottenuti nei singoli test, fossero in grado di fornire un'informazione integrata sulle condizioni speciali, complessive di un atleta (Durastanti, 2006).

Ad ogni modo, i tesi, classicamente intesi, devono essere tutti considerati come test analitici, come prove cioè che possono esplorare solo singole componenti della prestazione. È, invece, assai più arduo e azzardato il riferimento a test che, in qualche modo, possano essere considerati sintetici, rappresentando, cioè, la sintesi di un insieme dinamico e dinamicamente aggregato di componenti del modello della prestazione, come si verifica nel corso della competizione.

La sintesi ottimale è certamente rappresentata proprio dalla gara, che si può considerare come l'integrale di lune le capacità individuali, ma che non è test nel senso classico del termine, proprio perché essa è la risultante dell'azione coordinata di una serie imprecisata di misure e di livelli di prestazione e non dell'espressione di una singola capacità.

Eppure, l'allenamento sportivo, che certamente ha bisogno di valutare analiticamente le componenti del modello di prestazione (siano esse tecniche o biomeccaniche, fisiologiche, biochimiche e bioenergetiche, psicologiche, ecc.), presenta anche la fondamentale e imprescindibile esigenza di disporre, nel tempo breve, medio e lungo di informazioni specifiche sul livello delle capacità di prestazione del soggetto, nella specialità considerata. In quel caso, non sì tratterà di conoscere, per esempio, i valori di forza muscolare dello sprinter (utili e anzi fondamentali in certi periodi della carriera e del ciclo di allenamento), ma si tratterà di riassumere gli elementi caratteristici della competizione in un gesto o in una serie di gesti che, pur non costituendo la gara. di questa rappresentano, però, gli aspetti salienti e più rappresentativi, identificandosi, talvolta, addirittura nelle esercitazioni cosiddette di gara.

Ciò vuoi dire che, accanto alle valutazioni analitiche (realizzate per mezzo di test motori), bisogna poter disporre di valutazioni più sintetiche che, in particolari momenti del processo di allenamento, possano veramente consentire di capire se l'insieme delle esercitazioni utilizzate nel corso dí diverse settimane e di diversi mesi abbia concorso a innalzare, nell'organismo dell'atleta, il livello della condizione specifica: quella per cui, per esempio, un maratoneta è in grado di correre i 42 km della sua gara alla velocità media. per lui, più elevata possibile.

In realtà, nella pratica dell'allenamento sportivo, le prove dì verifica si impongono, specie in particolari momenti della costruzione delta forma sportiva. Esse, come già detto, non sono test nel significato classico che alla parola tesi si dà e del test non hanno e non possono avere la stessa significatività: rappresentano, però, per l'allenatore, un insostituibile mezzo per comprendere, in qualche maniera, la modalità con cui si é realizzata, nell'atleta, l'aggregazione dinamica dei parametri biologici sui quali hanno agito analiticamente i mezzi di allenamento. Questa, con tutti i limiti immaginabili, è, a tutt'oggi, la migliore fonte di informazioni per l'allenatore e per lo stesso atleta; assai più di tutto l'insieme delle informazioni di natura più strettamente biologica. desumibili dai controlli cosiddetti di laboratorio. Nella stretta somiglianza tra prova dì verifica e competizione sta, evidentemente, la spiegazione di tale pratica utilità.

A questo punto, perciò, non è forse azzardata la suddivisione dei mezzi pratici di controllo della prestazione in test analitici (i test classicamente intesi) e test di sintesi (delle capacità organico-muscolari e coordinative considerate nel loro complesso).

COLLOCAZIONE TEMPORALE DEI TEST NEL CORSO DEI CICLI DI LAVORO

Esiste, come è facile evincere dai principi che regolano la periodizzazione dell'allenamento sportivo, una strategia ben precisa, non solo di costruzione dei test, ma anche della loro utilizzazione e collocazione nel processo di allenamento (Marella, 2007) .

Test e prime fasce di qualificazione dell'atleta

Nella formazione delle prime fasce di qualificazione, i test devono essere utilizzati, senza alcun dubbio, all'inizio del processo di formazione, con lo scopo di valutare le capacità potenziali e attuali di ciascun soggetto: accanto ai test di efficienza fisica generale, che possono fornire informazioni anche molto utili, ma solo su una generica disposizione alla pratica sportiva, devono essere proposti test più selettivi, in grado di chiarire attitudini più particolari. Ciò allo scopo non di procedere a una specializzazione precoce, ma di delineare una mappa di capacità il cui sviluppo va seguito e assecondato nel tempo, per essere poi spinto e approfondito nella successiva fase di specializzazione. In questo senso, si può ben dire che il test ha, per il giovane, una duplice finalità:

- quella di valutare (mezzo di valutazione delle attuali possibilità);
- quella di prevedere (mezzo di previsione delle capacità future).

A questa impostazione sembra che sfuggano i giovanissimi di età compresa tra 6 e 10 anni, per i quali il test ha il solo significato di valutare il ritmo di sviluppo di ciascuno e non può essere di aiuto, secondo quanto affermato da diversi autori, per effettuare proiezioni delle capacità future.

Non prevedendosi, nei giovanissimi, nessuna rigorosa e rigida suddivisione in periodi e tappe del ciclo di allenamento. non esiste nemmeno una collocazione temporale precisa del test: la sua proposizione, che può essere anche molto frequente, dipendendo dalla maniera di impostare e organizzare i contenuti della formazione giovanile. Né bisogna dimenticare che i giovanissimi sono sempre alla ricerca di qualcosa in cui misurarsi, in cui poter concretamente vedere e apprezzare i propri miglioramenti, spesso assai imponenti proprio nelle età giovanili.

Poiché, per quanto strano possa apparire, la formazione giovanile è ricca di mezzi speciali di allenamento (pratica, come già osservato, di diverse specialità, apprendimento di diverse tecniche esecutive, partecipazione a differenti sport di squadra), è chiaro che molte attività assumeranno anche il carattere di test di sintesi, in quanto possono consentire la valutazione della complessiva attitudine di un giovane verso una specialità sportiva, piuttosto che verso un'altra.

La formazione giovanile è, per tutti questi motivi, caratterizzata dalla disponibilità di molti test e da una loro molto frequente utilizzazione.

Test nell'allenamento degli atleti evoluti

La situazione certamente cambia, a misura che si passa alle età successive, quando la formazione psicofisica si trasforma in allenamento sportivo vero e proprio e dove la strategia dello sviluppo multilaterale estensivo lascia il campo a quella dello sviluppo multilaterale selettivo e più speciale. I test diminuiscono nel numero e diventano anche più mirati a un gruppo omogeneo dì specialità. La loro collocazione temporale, nel ciclo di lavoro, assume un ruolo assai più importante.

Nella prima parte del periodo preparatorio, i test analitici vengono utilizzati per valutare la crescita delle singole capacità organico-muscolari componenti il modello della prestazione. Ciò, del resto, è in pieno accordo, con la strategia di sviluppo analitico delle capacità, che si persegue nella tappa fondamentale del periodo preparatorio.

Nella tappa speciale del periodo preparatorio, invece, accanto alta ricerca del progresso delle capacità organico-muscolari e coordinative, singolarmente intese, deve essere prevista la valutazione, attraverso test di sintesi, del livello di progressivo avvicinamento allo stato di forma dell'atleta.

Nel periodo competitivo, la funzione dei test non è ridotta, come si potrebbe immaginare, vista la massiccia presenza delle competizioni. I test analitici vengono, infatti, utilizzati ancora, anche per introdurre ulteriori stimoli alla crescita delle singole capacità organico-muscolari; i test di sintesi, naturalmente, vengono utilizzati per valutare la condizione specifica, oltre che per arricchire il processo di allenamento di stimoli psicologici e fisici della massima intensità.

Nel periodo cosiddetto di transizione, alla fine del periodo delle competizioni, í test possono assumere la funzione di verifica del livello di sviluppo raggiunto, nel ciclo di allenamento, da una capacità: spesso, in tale periodo, gli atleti realizzano, nei test, le loro migliori prestazioni.

Assai oculata deve essere anche la scelta del momento, all'interno dei singoli cicli funzionali di allenamento, in cui inserire un test oppure una batteria dì test. Certamente, essi non vanno mai proposti nel mezzo dei cicli funzionali di carico (quando l'organismo non è in grado di esprimersi al meglio), ma piuttosto alla fine dei periodi di scarico, o all'inizio del ciclo funzionale di lavoro (dopo il microciclo di scarico), quando i fenomeni di supercompensazione si trovano al loro livello più elevato.

È chiaro, comunque, che un test, per sintetico che possa essere, non può mai fornire tante informazioni quante ne fornisce la competizione stessa. La vera sintesi delle capacità organico-muscolari e coordinative allenate è sempre rappresentata dalla competizione, che veramente può essere considerata, come già osservato, l'integrale di tutte le capacità individuali, anche se non si può ritenere un vero e proprio test.

Un punto importante di contatto tra la competizione e il test è, come già parzialmente osservato, il massimo impegno che l'atleta mette nell'una e nel corso dell'altro, anche se esiste, a questo riguardo, una differente situazione agonistica, rappresentata dalla ufficialità della competizione e dalla non ufficialità dei test.

4. AVVIAMENTO, FORMAZIONE E ALLENAMENTO GIOVANILE

GENERALITÀ SULL'ALLENAMENTO GIOVANILE

Che un lungo, articolato processo di fruizione fisica prima e di allenamento poi sia l'indiscutibile, necessario presupposto per la crescita delle capacità di prestazione e rappresenti la chiave della reale estrinsecazione di tutte le potenzialità di un atleta è, per gli addetti ai lavori molto di più che una saggia. ovvia e scontata affermazione. È, un principio irrinunciabile e basilare, da affiancare ad altri due importanti presupposti:

a) per la riuscita finale di un atleta sono determinanti le basi strutturali dalle quali si è partiti, cioè la misura delle attitudini ereditate;
b) per conseguire i migliori risultati possibili, è necessaria l'integrazione e l'apporto continuativo e mirato delle differenti conoscenze medico-biologiche e psicologiche che, passo dopo passo devono seguire l'evoluzione dell'atleta, per controllarne il benessere in senso lato (più generale e più specifico), benessere, cioè, della macchina umana tesa, nel tempo, all'incessante superamento di se stessa, fino ai massimi limiti consentiti dalle dotazioni strutturali (psicofisiche) individuali.

Sulla base di questi principi è possibile impostare una serie di considerazioni (e delineare campi di applicazione e di intervento) fondamentali. (Chiodo, 2006)

MODELLI DI PRESTAZIONE: LORO SIGNIFICATO NELL'ATTIVITÀ GIOVANILE

Non è ormai più concepibile una visione dell'allenamento che preveda la similitudine, la somiglianza, o peggio, la sovrapposizione perfetta, o quasi. tra mezzi e metodi di preparazione di specialità sportive diverse, essendo ciascuna disciplina caratterizzata in modo così peculiare da costituire un modello assolutamente unico negli aspetti tecnici e biomeccanici, biologici e bioenergetici, psicologici.

Un modello di prestazione si pini definire come il risultato della individuazione o della definizione teorica delle differenti modalità con le quali l'organismo affronta e soddisfa le esigenze della prestazione specifica.

Abbastanza semplicemente, per esempio. si può definire il modello di prestazione dello sprinter, che schematicamente è caratterizzato da:

- una prestazione continua, ciclica e prevedibile, anzi obbligata in tutto il suo decorso, della durata di circa 10-11 secondi;
- un impegno massiccio del processo anaerobico alattacido di trasformazione del l'energia;
- un impiego di forza che si manifesta con modalità diverse ma collegate e integrate e anch'esse, perciò, prevedibili;
- il ricorso all'utilizzazione anche delle proprietà di elasticità muscolare;
- un'esecuzione tecnica estremamente sofisticata perché richiede l'individuazione del rapporto ultimale tra frequenza e ampiezza del passato.

Più complesso è, invece, il modello teorico di prestazione di un gioco sportivo. Si veda, per esempio, il caso emblematico del calcio, nel quale è impossibile la definizione precisa del modello teorico della specialità, mentre è, invece, possibile l'identificazione di modalità di prestazione verosimilmente compatibili con ciò che realmente può verificarsi in competizione:

- prestazione aciclica e discontinua, che si sviluppa in un numero molto cospicuo di minuti;
- impegno relativamente elevato, a farsi alterne, dei processi sia aerobici sia anaerobici di trasformazione dell'energia;
- impegno di forza molto elevato in alcune fasi e molto ridotto, invece, in altre;
- esecuzione tecnica prevedibile dei gesti fondamentali individuali, ma assai meno di quelli così detti di squadra (legati alla variabilità delle situazioni di gioco).

Specialità sportive come il calcio prevedono squadra e, perciò, pur non consentendo ancora di definire in maniera precisa il modello di prestazione, rende però possibile di avvicinarsi di più alla realtà di quella specifica prestazione.

È evidente che la sempre più precisa conoscenza dei fattori che concorrono a determinare una prestazione specifica e a identificare un modello sempre più plausibile della prestazione stessa, rende possibile, nel tempo, l'individuazione e l'utilizzazione mirata ed efficace dei tre gruppi di esercitazioni fisiche, di cui si è più volte parlato: fondamentali, speciali e di gara.

Lo studio, l'approfondimento e la chiara individuazione del modello dì prestazione rappresentano sempre un punto di partenza e anche, per effetto della riflessione sulle esperienze fatte, un punto di approdo all'interno del processo di allenamento.

Solo un'impostazione metodologica sempre più incentrata sul modello complessivo della specifica prestazione può consentire l'individuazione e la scelta dei soggetti più dotati di attitudini specifiche e l'individuazione e la scelta dei mezzi di formazione e di allenamento più idonei, eliminando, tra l'altro, le pratiche inutili o addirittura, dannose ancorché invalse nell'uso. Della ricerca dei talenti e dei mezzi di allenamento si dovrà, dunque tenere il debito conto.

Per essere utile davvero, per rivestire realmente quel carattere decisivo che si compendia nell'invito emblematico a scegliersi i genitori prima di nascere, la ricerca dei talenti deve essere sempre più specifica e, per quanto possibile, precoce.

Più specifica, nel senso che guidata da modelli, deve tentare di individuare alcune attitudini generiche, che servono per garantire la prestazione. (Dietrich, 1997)

MEZZI DELL'ALLENAMENTO NELL'ATTIVITÀ GIOVANILE

Qualche decennio fa si mirava soprattutto alla individuazione e alla opportuna suddivisione in classi e categorie dei mezzi dell'allenamento di ogni specialità sportiva. Grandi passi avanti hanno garantito all'allenamento di singole discipline l'identificazione delle proprie (pertinenti perché nel modello di prestazione) esercitazioni a carattere fondamentale (non più generali, come una volta), a carattere speciale e di gara, con il superamento, cioè, della visione precedente, nella quale l'allenamento di un numero ampio dì specialità era in parte condotto sulla base di mezzi e metodi comuni, con evidente generalizzazione e mancanza di specificità. Oggi, il concetto della necessità di ricorrere a forme di preparazione assolutamente caratteristiche di una singola disciplina è patrimonio di quasi tutti gli addetti ai lavori e il problema del futuro piuttosto risiede:

a) nella maggiore precisazione della distribuzione temporale e percentuale delle diverse categorie e dei diversi mezzi, nell'arco di molti cicli tra loro collegati;
b) nella identificazione più minuziosa dei valori dei parametri costituenti il carico di lavoro delle diverse esercitazioni (valori della quantità e della intensità dei carichi, oltre che delle modalità del rapporto quasi sempre di proporzionalità inversa, ma particolare a seconda che ci si riferisca certe specialità piuttosto che ad altre, a certe età piuttosto che ad altre, alle esigenze di crescita e di sviluppo o a quelle di estrinsecazione del potenziale prestativo posseduto, ecc.);
c) nello studio del tutto nuovo e originale delle modalità attraverso le quali un carico di lavoro è in grado di provocare effetti non soltanto sulla particolare capacità per il cui sviluppo è stato proposto, ma anche sugli effetti stessi di altri carichi di lavoro, precedenti o futuri, per un effetto di sommazione dinamica e attraverso fenomeni di supercompensazione integrata da carichi molteplici e interreagenti.
d) infine, un problema, importantissimo, dei prossimi anni sarà quello legato alla possibilità di introdurre, nella preparazione altri e nuovi mezzi speciali di allenamento, affiancando così quelli (in genere, non numerosi) già esistenti e garantendo il necessario apporto di varietà che fino a oggi ha rappresentato il limite maggiore all'incremento delle prestazioni sia di medio sia di alto livello.

In definitiva, molti passi restano da fare per quanto attiene alla cosiddetta dinamica del rapporto tra i carichi cosiddetti fonda-mentali e i carichi cosiddetti speciali. nell'arco dello sviluppo dell'intera carriera atletica di ciascun praticante. (Dietrich, 1997)

FORMAZIONE GIOVANILE INDIVIDUALE

In genere, si sostiene che l'allenamento sportivo debba essere preceduto da una fase, più o meno lunga ma comunque assai peculiare, di formazione, di impianto delle basi del successivo vero e proprio allenamento. Il futuro dovrà meglio chiarire il ruolo e la funzione di progressivo orientamento verso uno sport o una specialità sportiva nel periodo di formazione che, in quanto tale, dovrà sempre più acquistare (fin dall'inizio e perciò spesso fin dalla tenera età) il carattere di fase di preparazione individualizzata allo sport.

Molti importanti progressi devono essere ancora fatti su questa cosi decisiva tematica.

Purtroppo le informazioni derivanti dalla letteratura internazionale sono, a oggi, contrastanti ma anche inattendibili nell'impostazione e nella metodologia della ricerca scientifica sull'argomento. Dal che, si può affermare che ben poco ancora oggi si conosce sia delle modalità con le quali l'organismo giovane si evolve, attraverso lo sviluppo dì tutte le sue capacità motorie, sia dell'influenza che la pratica del movimento può avere sull'evoluzione naturale di tali capacità, sia ancora dette diverse impostazioni complessive applicabili agli organismi in crescita, per assecondare lo sviluppo ora dell'una ora dell'altra capacità, per privilegiare le capacità possedute ad alto livello o quelle carenti per caratteristiche ereditarie, per mettere l'organismo in grado di esprimere davvero il meglio di sé domani, rinunciando all'effimero traguardo del risultato giovanile, molto spesso senza seguito.

I concetti guida dell'attività giovanile sono stati, negli ultimi anni, quelli della formazione, dell'orientamento e della multilateralità dell'approccio. Per tutti si può dire che sovente le definizioni sono state viziate dalla complessiva genericità e dalla cattiva enunciazione da parte dei diversi Autori e addetti ai lavori. Ci si sofferma, pertanto, proprio su questi concetti, osservando preliminarmente che é possibile accorpare, allo scopo di stabilire alcuni punti fermi, le diverse fasce dì età con cui generalmente si abbraccia l'attività giovanile, senza timore di sbagliare e di generalizzare. Ciò deriva dalla reale considerazione che i principi informatori dello sport in età giovanile appartengono a tutte le tacce di età e perciò sia a quella che è la più vicina alla prima infanzia sia a quella cui segue la definitiva maturazione dell'organismo. (Dietrich, 1997)

PROCESSO DI FORMAZIONE FISICA

All'ampia fascia di età 5-6/13-14 anni appartiene, salvo poche eccezioni, non l'allenamento sportivo in senso stretto, quanto piuttosto la formazione fisica o, meglio, la formazione psicofisica o, meglio ancora, la formazione psicologica generalizzata.

La formazione fisica preliminare è oggi considerata non solo come propedeutica ma addirittura come indispensabile per la futura specializzazione sportiva e per l'approfondimento sistematico della pratica del movimenti nel processo, che è processo quasi scientifico, dell'allenamento sportivo. Ma qual è il significato moderno di formazione motoria?

Per formazione (che molti chiamano formazione di base) si deve intendere un processo educativo basato su proposte motorie aventi per obiettivo di assicurare il possesso, ampio e stabilizzato, delle fondamentali capacità coordinative e abilità, delle principali strutture e sequenze motorie e di un livello sufficientemente elevato di ciascuna delle qualità fisiche o organico-muscolari fondamentali: la forza, la velocità, la resistenza, la rapidità, la flessibilità, l'elasticità.

I mezzi per realizzare la formazione di base sono costituiti dalla più ampia gamma possibile di attività, di gesti e di sequenze motorie, proposti attraverso una successione e un'alternanza che al profano può dare l'impressione di confusione di attività, di gesti e di sequenze motorie, proposti attraverso una successione e un'alternanza che al profano può dare l'impressione di un piano preordinato e rispondente a esigenze del tutto razionali. La formazione si realizza, cioè, secondo un progetto mirato di attività multilaterali. (Brunetti, 2011)

CONCETTO DI MULTILATERALITÀ

Il concetto di multilateralità, per molti anni misconosciuto, e ormai da tutti accettato: esso va, però, chiarito. La multilateralità deve essere intesa come strategia per ampliare il bagaglio di conoscenze motorie e di capacità di espressione delle diverse qualità fisiche del bambino, del ragazzo, dell'adolescente e del giovane atleta. Senza la multilateralità che amplia (ed è perciò definita estensiva) il «numero» delle capacità motorie di un soggetto in età evolutiva, oggi non si può concepire lo sport di alto livello. Questo viene sempre e soltanto dopo una formazione di molti anni, avente per obiettivo di esplorare e di sperimentare il più possibile la motricità di un giovane, senza sperequazioni dì alcun genere: formazione che, se si sofferma a volte su una qualità piuttosto che su un'altra, lo fa per colmare carenze e lacune, non già per privilegiare questa e farla svettare sulle altre, e così ristabilire una sorta di omogeneità e di equilibrio tra le differenti capacità di espressione motoria.

In questa visione non c'è posto per nessuna sorta di specializzazione intesa come preponderante focalizzazione delle esercitazioni proposte su un numero molto ristretto di capacità: per esempio, solo la forza muscolare, solo la resistenza, solo la destrezza. Il che è come dire che è grave errore quello della pratica, cosi diffusa anche in Italia, del solo calcio, della sola ginnastica, del solo nuoto, della sola pallacanestro, ecc. Questo atteggiamento che è un passo avanti rispetto al passato, nel senso della maggiore familiarità e familiarizzazione con lo sport, si rivela, ad tempo, del tutto deleterio, perché non forma ma ferma, non avvia allo sport ma da questo allontana, non sviluppa ma fa ristagnare, non educa ma diseduca, stanca e standardizza, rendendo unilaterale e monotono quanto deve essere vario, variato, molteplice e multilaterale.

A 8-l0 anni, non ci si può dedicare in toto, a una specialità sportiva, per diverse ore alla settimana: si può anche essere iscritti e frequentare per esempio,la scuola di nuoto ma la pratica del nuoto dovrebbe costituire, una delle attività proposte, non l'unica attività proposta, dovrebbe piuttosto confondersi con molte altre che primeggiare sul quasi niente motorio.

La multilateralità, dunque, suggerisce l'immagine di una proposta di attività finalizzate di movimento, caratterizzate dalla grande ricchezza dei contenuti. Ribadiamo che ciò significa consapevolezza di poter usare su un organismo in formazione, mezzi e metodi non tratti dallo sport e dall'allenamento dei «grandi» (deleteria l'equivalenza bambino = piccolo adulto!), ma suggeriti solo dalla grande plasticità di un organismo in crescita. (Bompa, 2001)

CONCETTO DI ORIENTAMENTO SPORTIVO E FASCE DI QUALIFICAZIONE

Agli addetti ai lavori non è sconosciuto a fatto che sia proprio la pratica di molte attività e di diverse specialità sportive (e non invece il contrario) a consentire di procedere sulla strada del progressivo orientamento sportivo. Orientare vuoi dire seguire il processo di sviluppo e di estrinsecazione delle diverse qualità e capacità fisiche, assecondando le predisposizioni individuali, a misura che esse si manifestano nel tempo, con la loro peculiarità e ritmi di crescita. L'assecondamento della natura solo dopo i 13-14 anni diventa orientamento delle metodologie di allenamento in senso progressivamente più specialistico. Ma come si arriva a questo momento? Vi si arriva attraverso i percorsi particolari delle fasce di qualificazione. Tra i 5-6 e i 18-19 anni, gli esperti individuano, infatti, almeno cinque fasce di qualificazione:

- 6-7 anni;
- 8-10 anni;
- 11-13 anni;

- 14-16 anni;
- 17-19 anni.

Naturalmente, la collocazione in una fascia piuttosto che in un'altra dipende dalla maggiore o minore sovrapponibilità di età cronologica con età biologica di ciascun soggetto: quasi mai, infatti, l'età anagrafica coincide con quella del livello evolutivo delle differenti caratteristiche biofisiologiche e psicologiche.

Fino a 10 anni circa, le idee guida della formazione sono quelle di apprendere e di ampliare il bagaglio motorio: tra gli 11 e i 14 anni prevalgono i concetti di apprendere e di scegliere; dopo i 14 anni, dominano quelli di scegliere e delimitare sempre più a misura che passano gli anni: il tutto sempre realizzato con la strategia della multilateralità, ma con tattiche di comportamento diverse. (Bisciotti, 2003)

CONTENUTI DELL'ATTIVITÀ DI FORMAZIONE

I contenuti della formazione e dell'allenamento consistono, in definitiva, come già detto ampiamente altre volte, in carichi di lavoro fisico: essi provocano affaticamento, poiché questo è il loro fondamentale obiettivo. Senza l'azione della fatica non potrebbe, infatti, esistere fa reazione organismica del superamento della fatica stessa e della riorganizzazione dell'omeostasi, indispensabile per il mantenimento di tutte le funzioni vitali, a livello più elevato, cioè funzionalmente più elevato.
I diversi contenuti del carico di lavoro fisico sono schematizzati in almeno 12 gruppi fondamentali, che dovrebbero essere tutti presenti, poiché tutti concorrenti al completamento e alla piena realizzazione della formazione di base e dell'allenamento sportivo vero e proprio:

- gli esercizi formativi individuali con carattere di gioco;
- i giochi collettivi;
- i giochi sportivi, con regole semplificate;
- l'acrobatica elementare;
- gli esercizi di flessibilità;
- gli esercizi per lo sviluppo dell'equilibrio;
- gli esercizi di ginnastica formativa e di preatletismo generale;
- l'addestramento tecnico in forma globale, da inserire per gradi e con progressione particolare;
- l'addestramento tecnico in forma analitica;
- il preatletismo specifico;
- gli esercizi cosiddetti di gara,
- infine, le competizioni. (Ferrari, 1996)

COMPETIZIONI NELL'ATTIVITÀ GIOVANILE: SIGNIFICATO, CARATTERI, OBIETTIVI

Contrariamente alla visione molto limitata del passato, la tendenza odierna è quella di favorire la partecipazione dei giovanissimi a molte competizioni. La competizione, infatti: a queste età, è un mezzo di allenamento, mezzo di formazione e di accertamento di capacità e predisposizioni, certamente non l'obiettivo del processo formativo.

Pertanto, l'azione formativa e di sviluppo svolta dal carico fisico può e, anzi, deve essere accentuata attraverso la valorizzazione del momento competitivo. Questo deve, sostanzialmente, essere impostato non sul raffronto delle prestazioni di soggetti diversi, ma piuttosto sulla base dei miglioramenti che il singolo (in gara soprattutto con se stesso) è in grado di esprimere nel tempo.

La competizione deve dare al giovane e al giovanissimo la possibilità di esprimere compiutamente il bisogno e la necessità di estrinsecare le capacità accresciute e di misurare e di verificare il loro livello, La strada inizialmente più sicura e più idonea per realizzare ciò è quella della competizione con se stessi, poiché lo spostamento di interesse verso il confronto e lo scontro con gli altri, particolarmente in età molto giovanile, può racchiudere in sé clementi di forte negatività (l'enfatizzazione della vittoria, la drammatizzazione della sconfitta, ecc.). Le classifiche di giovani soggetti hanno, in realtà, un significato pressoché nullo e, comunque, sempre inferiore a misura che si scende verso classi di età più giovanili per le quali i fattori ereditari e le influenze socio-ambientali dell'età giovanile determinano in misura molto rilevante le capacità di prestazione. Al contrario, man mano che si procede verso l'età adulta le capacità complessive di un soggetto dipendono, in misura progressivamente crescente, anche dall'applicazione, dall'impegno, dalla tenacia, dallo sviluppo di capacita di autovalutazione, di critica e, perciò, di autocorrezione. Solo ad atleti maturi e responsabili si può e si deve, anzi, proporre la «competizione con gli altri» nel senso di impegno a estrinsecare le proprie capacita con l'obiettivo d imporsi sugli altri (e non solo di migliorare se stessi).

Lo strumento per realizzare il progressivo passaggio dalla competizione intesa prevalentemente come confronto con se stessi alla competizione intesa anche come specifico confronto con gli altri è rappresentato dalla multilateralità anche delle esperienze compiute in giovane età. Tale orientamento consente, infatti, sia di acquisire un ampio bagaglio di conoscenze ed esperienze, sia di controbilanciare il significalo assoluto e generalizzante che sì è soliti attribuire alle vittorie o alle sconfitte, proponendo, al posto di una classifica, molte e diverse classifiche.

Per questo motivo, la competizione, nelle prime fasce di età, non deve basarsi su una prova singola, mi su molte e diversificate prove, proposte non in momenti competitivi ufficiali e concentrate nel tempo, ma all'interno dell'allenamento stesso, del quale la gara rappresenta un metodo, un mezzo e non un fine, cioè non un obiettivo per il quale e in funzione del quale si opera. Tali prove vengono, nel seguito, ridotte a un gruppo più o meno numeroso (4-6), per passare gradualmente, con il progredire della specializzazione, alla competizione in un numero limitalo di specialità molto vicine tra loro. Ciò si verifica quando la competizione è davvero diventata l'obiettivo, il fine ultimo dell'allenamento: quando, cioè, per essa ci si prepara, distinguendo nettamente all'interno del ciclo di allenamento, il periodo preparatorio da quello competitivo, che sono legati tra loro da un rapporto di successione temporale e di strategia operativa, per cui prima ci si prepara e poi solo quando si è pronti, si compete.

L'atteggiamento pedagogico descritto a proposito della competizione giovanile consente dunque, di attenuare il significato e la drammaticità dello scontro diretto tra singoli in un'unica specialità sportiva, diminuendo le inevitabili differenze attraverso le compensazioni derivanti dai diversi risultati e consentendo di ritrovare, in misura maggiore, elementi positivi e di soddisfazione nelle proprie diverse prestazioni.

Va invece rifiutato quell'atteggiamento pedagogico che contrasta ai giovani la partecipazione a molte competizioni e che prevede invece la partecipazione reiterata e mirata a una o a pochissime gare specialistiche, effettuate in condizioni di assoluta ufficialità. È questa la deleteria visione caratteristica della specializzazione prematura. Non molte competizioni specialistiche, bensì molte e diverse occasioni di competere sono da offrire al giovane e al giovanissimo, specie nel corso dell'allenamento, come strumenti (mezzi) fondamentali per la preparazione e il passaggio all'agonismo dell'età adulta e come occasioni fondamentali e irrinunciabili di divertimento.

Per riassumere, in breve, l'importante é che le competizioni dell'età giovanile:

- siano soprattutto non ufficiali;
- rechino e conservino sempre il carattere di gioco e di divertimento;
- siano estremamente diversificate tra loro;
- siano proposte con modalità e frequenze che eliminino la drammaticità del confronto e della classifica, puntando sul confronto con se stessi e sul miglioramento del se stessi di piuttosto che sul superamento di un altro, cioè di un avversario. Il tema è, perciò, quello del contenuto educativo della competizione nella formazione presportiva di ciascun singolo soggetto. Quest'ultima considerazione ci porta a un altro concetto: quello della necessità di individualizzare la strategia della formazione fisica prima e dell'allenamento sportivo poi. (Ferrari, 1996)

INDIVIDUALIZZAZIONE DELL'ATTIVITÀ DI FORMAZIONE FISICA E DI ALLENAMENTO SPORTIVO

L'unico obiettivo che ci si deve prefiggere progettando carichi di lavoro fisico a contenuto formativo (competizioni incluse), è l'individuazione delle predisposizioni psicofisiche individuali (cioè la delineazione e la misura del talento) e la successiva proposizione di attività motorie individualizzate, riferite a un singolo con caratteristiche e, dunque, esigenze irripetibili, uniche. L'individualizzazione dei carichi di lavoro è principio di base della qualificazione iniziale, anche più dell'alto livello, dove gli errori di impostazione sono in fondo ancora correggibili, beninteso entro determinati limiti. Individualizzare vuoi dire adattare il tipo, la frequenza e la durata dei singoli carichi di lavoro fisico a ciascun soggetto, perché dalla giustapposizione e dall'alternanza particolarissima dei diversi elementi e del loro ammontare in volume e intensità derivi la migliore proposta educativa, formativa per quel determinato soggetto. (Giannini, 1996)

5. ALLENAMENTO CON PESI: METODI ED EFFETTI

INTRODUZIONE

Fino a non molto tempo addietro, si pensava che i programmi di allenamento con pesi, destinati a sviluppare la potenza muscolare, rendessero, chi ne faceva uso, incapace di praticare con successo la maggior parte delle attività sportive. Gli individui così allenati, venivano definiti con termini quali ammasso di muscoli, rigidi, legati e a maggior ragione se si trattava di donne, si pensava che in esse si sarebbero certamente sviluppate tutte le caratteristiche maschili, ivi, compresi i muscoli ipertrofici, una voce profonda e perfino la barba!

Naturalmente, niente di tutto ciò corrisponde a verità. E comunque vero che, nell'ambito dell'atletica, l'allenamento con i pesi è tra i più, misconosciuti. Questo capitolo si propone quindi di chiarire i concetti relativi al tipo di allenamento di cui si è detto e di illustrare, in particolar modo, come essi vengano applicati ai programmi di atletica ed alle competizioni sportive.

Più specificamente, saranno trattati i seguenti problemi: i principi fondamentali dei programmi di allenamento con pesi; l'elaborazione dei programmi di allenamento con pesi per i vari sport; le modificazioni fisiologiche del sistema neuromuscolare derivanti da un tal allenamento; gli effetti dell'allenamento con pesi sulle prestazioni sportive; gli effetti provocati dal consumo di steroidi sulla dimensione e potenza muscolare durante l'allenamento con pesi; l'influenza del sesso su ambedue questi ultimi effetti; gli scopi dei programmi di allenamento con pesi. (Chiodo, 2006).

PRINCIPI FONDAMENTALI RELATIVI AI PROGRAMMI DI ALLENAMENTO CON PESI

Quattro principi fondamentali dovrebbero costituire la base della, maggior parte dei programmi di allenamento con pesi. È opportuno iniziare prendendo in considerazione il principio del carico massimo e quello della resistenza progressiva, per giungere poi alla strutturazione dei programmi ed alla specificità dei loro effetti (Alberti, 2012).

Principio del carico massimo

La potenza muscolare si sviluppa con maggiore efficacia allorché un muscolo, od un gruppo muscolare, viene sovraccaricato, quando lavora cioè contro una resistenza massimale o quasi. L'uso di resistenze massimali forza il muscolo a contrarsi al massimo, stimolando in tal modo gli adattamenti fisiologici che portano ad un aumento della potenza muscolare ed all'ipertrofia. La potenza di un muscolo che lavori con un peso molto al di sotto del carico massimo, non presenterà alcun segno di ipertrofia e non avrà aumento di forza.

Principio della resistenza progressiva

Poiché un muscolo sovraccaricato guadagna in potenza nel corso dell'allenamento con pesi, il carico iniziale, una volta che si sia andati avanti nel programma, non sarà più adeguato a produrre ulteriori aumenti di potenza. In altre parole,il carico massimo iniziale, una volta raggiunta una certa potenza, finirà per diventare un sottocarico.

Per questa ragione la resistenza contro la quale si esercita il muscolo dev'essere periodicamente accresciuta nel corso del programma di allenamento pesi. Un sistema per giudicare il momento in cui si rende necessario aggiungere un nuovo carico è quello di contare il numero di volte che da un dato peso può essere sollevato senza che insorga la fatica.

Supponiamo ad esempio, che un atleta possa sollevare all'inizio del programma 40 kg per 8 volte prima di avvertire la fatica. Questo carico può essere usato finché l'atleta può eseguire fino a 12 sollevamenti prima di affaticarsi. A questo punto, il carico dev'essere aumentato ad un grado tale che il numero di ripetizioni possa essere riportato nuovamente ad 8 per raggiungere la fatica. Questo sistema dovrebbe essere ripetuto, finchè è necessario, per l'intera durata del programma, in modo che il muscolo lavori sempre in zona di carico massimo.

Programma degli esercizi

Gli esercizi compresi in un programma di allenamento con pesi dovrebbero essere studiati in modo da esercitare prima le masse muscolari più grosse, ed in un secondo momento quelle più piccole.

La ragione di ciò sta nel fatto che queste ultime tendono ad affaticarsi più presto e più facilmente di quelle più grosse. Allo scopo, quindi, di assicurare a queste ultime un carico adeguato, esse dovranno essere sottoposte ad esercizio prima che le masse minori vadano in fatica. I grossi muscoli dell'anca e della gamba devono, per esempio, essere esercitati prima di quelli, più piccoli, delle braccia.

I programmi di allenamento dovrebbero anche essere concepiti in modo da non coinvolgere lo stesso gruppo di muscoli in due esercizi consecutivi; ciò serve, tra l'altro, ad assicurare un adeguato tempo di recupero dopo ogni sollevamento. Per esempio, gli esercizi di estensione su panca ed in piedi non devono essere effettuati l'uno di seguito all'altro poiché interessano gli stessi gruppi muscolari. Nella figura 6.2 è illustrato l'ordine in cui dovrebbero essere esercitati i gruppi muscolari maggiori. Si noti come le masse muscolari più grosse vengano esercitate per prime e come non si succedano mai due esercizi che coinvolgano i medesimi gruppi muscolari.

Principio della specificità

I programmi di allenamento con pesi sono, per molti aspetti, specifici. Lo sviluppo della potenza, ad esempio, è specifico non solo per i gruppi muscolari che vengono esercitati, ma anche per i tipi di movimento da essi eseguito. In altre parole, questo tipo di allenamento si presenta come specifico per l'abilità motoria ciò significa che l'esercizio di un gruppo di muscoli interessato all'esecuzione di un determinato movimento, risulterà più efficace se lo schema motorio sarà il più vicino possibile a quello praticato durante la gara. Se si desidera per esempio aumentare la potenza muscolare allo scopo di migliorare l'abilità nel calciare, il programma di allenamento deve interessare quei muscoli che lavorano con schemi motori associati al movimento del calciare.

Un valido esempio dell'importanza della destrezza motoria ci viene fornito da quegli atleti che usano praticare due sport diversi inerenti stagioni dell'anno. Sebbene nella maggioranza dei casi vengano impiegati gli stessi gruppi muscolari per ambedue gli sport, gli schemi motori applicati sono completamente differenti. Così, spesso, il calciatore che si trovi in eccellenti condizioni di forma per giocare a calcio non gode della stessa forma allorché inizia a giocare a pallacanestro. Questo tipo di specificità si ravvisa anche all'interno di un singolo sport. Per esempio, il velocista che si trova in eccellenti condizioni di forma per lo sprint non lo è altrettanto per la maratona, e viceversa. Eppure, ambedue queste attività interessano i medesimi gruppi muscolari ed hanno gli stessi schemi motori.

La specificità dell'abilità motoria può essere attribuita, almeno in parte, al rapporto forza-velocità che sovrintende al funzionamento dei muscoli scheletrici. La forza muscolare esercitata nell'esecuzione di un particolare tipo di movimento, è correlata alla velocità alla quale il movimento viene eseguito. Nella maggior parte delle attività sportive, anche se sono attivi gli stessi gruppi muscolari, l'esecuzione di una specifica prova motoria richiede un particolare rapporto forza-velocità.

I meccanismi fisiologici che sono alla base di questo tipo di specificità non sono stati ancora del tutto chiariti. In base ad esperimenti recenti, sembra che siano interessati alcuni fattori neuromuscolari, con una conseguente migliore coordinazione dei vari muscoli e addirittura delle varie unità motorie all'interno di uno stesso muscolo. Se le cose stessero effettivamente così, dovrebbero esservi delle variazioni non soltanto nel muscolo stesso ma anche a livello del sistema nervoso centrale.

Oltre ad essere specifico per l'abilità motoria, lo sviluppo di potenza mediante allenamento con pesi lo è anche in conseguenza degli angoli delle articolazioni ai quali vengono esercitati i gruppi muscolari e dal tipo di contrazione eseguita dai muscoli.

La specificità dell'angolazione delle articolazioni è particolarmente evidente quando si seguono programmi di allenamento isometrica nei quali gli esercizi sono eseguiti con un angolo fisso. In questo caso, l'aumento della forza è generalmente maggiore nella posizione assunta durante l'allenamento, con scarsa influenza sulle altre angolazioni. Come si era già visto per lo sviluppo della forza specifica un determinato tipo di contrazione muscolare, si è trovato programmi di allenamento isotonico con pesi aumentano la forza isotonica più di quella isometrica e viceversa. Sebbene la stessa formula sia applicabile ai programmi isocinetici, recenti acquisizioni fanno pensare che l'aumento di potenza derivante dall'allenamento isocinetico ad alte velocità sia più generalizzato, in quanto esso influenza anche la forza isotonica. Ciò non è valido per l'allenamento, isocinetico a basse velocità.

Per poter ricavare il massimo beneficio da un qualunque programma di allenamento con pesi, è necessario seguire i seguenti consigli:

I muscoli devono essere caricati in maniera massimale o quasi.

Il carico massimo deve essere periodicamente riadeguato durante lo svolgimento del programma.

Le grandi masse muscolari devono essere esercitate prima delle masse più piccole e non devono essere eseguiti consecutivamente due esercizi che coinvolgano le stesse masse muscolari.

I programmi di allenamento con pesi devono interessare i gruppi muscolari effettivamente impiegati nello sport per il quale l'atleta si allena e devono simulare il più strettamente possibile lo schema motorio inte-ressato in quel particolare sport.

ELABORAZIONE DEI PROGRAMMI DI ALLENAMENTO CON PESI PER I VARI SPORT

Nel capitolo precedente sono stati presi in esame quattro tipi principali di contrazioni muscolari: l'isotonica, l'isometrica, l'eccentrica e l'isocinetica. Le loro caratteristiche sono riassunte qui di seguito:

Isotonica (dinamica, concentrica) - il muscolo si accorcia mentre si sviluppa tensione. Isometrica (statica) - il muscolo sviluppa tensione ma non varia di lunghezza. Eccentrica (pliometrica) - il muscolo si allunga mentre si sviluppa tensione. Isocinetica - il muscolo si accorcia, con sviluppo di tensione, producendo un movimento a velocità costante per l'intera ampiezza dell'escursione articolare.

Poiché tutti i suddetti tipi di contrazione vengono usati nelle attività sportive, saranno qui trattati i programmi di allenamento con pesi per ciascun tipo di contrazione. (Weineck, 2009).

Programmi isotonici

Un programma isotonico comprende esercizi eseguiti contro una resistenza e caratterizzati dal sollevamento sia del solo bilanciere, sia di pesi che con apparecchiature similari.

Uno dei primi programmi isotonici sistematici basati sull'allenamento con pesi fu elaborato da Delorme e Watkins (1948).

Sebbene il loro programma avesse come scopo principale quello riabilitazione fisica, i concetti fondamentali della loro teoria costituiscono ancora oggi la base della maggior parte dei programmi di allenamento. Uno dei concetti più importanti era quello della ripetizione massimale (RM), intendendo con tale termine il carico mass che un muscolo, od un gruppo muscolare, può sollevare per un numero di volte prima che insorga la fatica.

Se un individuo può ad esempio sollevare un dato peso per 8 volte e non di più senza affaticarsi, quel peso viene definito un carico 8 RM. Ovviamente stesso peso può essere un carico 10 RM per un'altra persona, o per il medesimo individuo in altra circostanza.

Secondo Delorme e Watkins il programma isotonico originale l'allenamento di ciascun gruppo muscolare era il seguente:

- serie l 10 ripetizioni con carico a metà di 10 RM
- serie 2 10 ripetizioni con carico a tre quarti di 10 RM
- serie 3 10 ripetizioni con carico intero di 10 RM

Vale la pena di prendere in esame la struttura di questo programma.

Esso richiede l'esecuzione di tre serie, intendendo per serie il numero di ripetizioni consecutive effettuate senza soste. Come si può osservare, nelle prime due serie non si ha un carico massimo ma, rispettivamente, mezzo carico e tre quarti di carico. Precisamente, la prima serie richiede dieci ripetizioni eseguite con un carico pari alla meta del carico massimo per quel numero di ripetizioni. Se il pieno carie 10 RM, quindi, fosse pari a 40 kg, un carico 1/2 10 RM equivarrebbe a 20 kg. Sollevando un carico di 20 kg per 10 volte senza soste,i sarà effettuato il programma della prima serie. La seconda serie richiede dieci ripetizioni con un carico di 3/4 10 RM. Considerando ancora una volta il peso di 40 kg come corrispondente al carico 1Q, RM, il lavoro previsto in questa seconda serie sarebbe il sollevamento di 30 kg per 10 volte. Qualunque sia l'effettivo peso del carico 10 RM, si può vedere che le prime due serie sono considerate di riscaldamento. La terza serie è invece basata sul principio del carica massimo (tenendo fermo il principio del carico massimo progressivo si dovrebbe stabilire un nuovo carico massimo, una volta raggiunte, 15 ripetizioni con un carico di 10 RM).

La maggioranza degli attuali programmi isotonici seguono i succitati principi generali stabiliti da Delorme e Watkins. Comunque, sono sorti molti interrogativi in merito. Quale è il numero ottimale delle serie e dei carichi RM per lo sviluppo della forza e della resistenza scolare? Quanti giorni di allenamento per settimana e quante ne sono necessarie per raggiungere un grado ottimale di forza/resistenza? E possibile ottenere da un solo programma sia forza i resistenza muscolare in maniera ottimale?

Serie e ripetizione

Non è possibile affermare con assoluta sicurezza che l'esecuzione di un certo numero di serie con un dato carico di ripetizioni massimali, l'unica combinazione capace, più di ogni altra, di aumentare la forza e la resistenza muscolare. Si considerino i dati comparativi portati nella figura 6.4 che illustra i risultati di uno studio condotto adottando programmi isotonici che variano sia nel numero delle serie le nei carichi di ripetizioni massimali. È da notare prima di tutto, come degli aumenti significativi di forza sono stati raggiunti con grammi consistenti in un minimo di una serie con carico 2 RM ed un massimo di 3 serie con carico 10 RM. In secondo luogo, si può osservare come tre combinazioni abbastanza diverse tra loro producessero i medesimi aumenti di forza: 3 serie con carico 2 RM, 2 serie con carico 6 RM, 1 serie con carico 10 RM producevano tutte, indifferentemente, aumenti di forza del 25%. Nel corso di quest'esperimento si è visto inoltre che il maggior aumento di forza muscolare poteva essere ottenuto con un programma di 3 serie con carico 6 RM.

In un altro studio, in cui venivano effettuati programmi consistenti in 6 serie con carico 2 RM, 3 serie con carico 6 RM e 3 serie con carico 10 RM, si potevano notare aumenti di forza muscolare significativi ed equivalenti fra loro.

Possiamo quindi concludere che possono aversi degli aumenti significativi di forza mediante programmi che vanno da un minimo di una serie ad un massimo di 6 serie, con carichi varianti da 2 RM a 10 RM. Da un punto di vista pratico è consigliabile che i programmi per lo sviluppo della forza isotonica vadano da 1 a 3 serie, con carichi da 2 RM a 10 RM. Sei serie, con un numero più alto di ripetizioni massimali, richiederebbero un'eccessiva quantità di tempo.

Frequenza e durata

Nel programma originale di Delorme e Watkins, una frequenza di allenamento di quattro giorni per settimana era considerata come il massimo che potesse essere ben tollerato per un periodo di tempo relativamente lungo. Attualmente si ritiene che un programma di allenamento isotonico con pesi, con una frequenza di tre giorni a settimana, sia in grado di produrre aumenti significativi di forza senza per altro incorrere nel rischio dell'insorgenza di affaticamento cronico. Occorre sottolineare che la fatica cronica, dovuta ad un tempo di recupero insufficiente, è di per sé il peggior nemico dell'allenamento. Deve infatti essere attribuita un'estrema importanza ad un adeguato recupero, non solo da un giorno all'altro ma addirittura tra una serie e l'altra della stessa seduta di allenamento.

Stabilito che la frequenza dell'esercizio deve essere contenuta nei limiti ragionevoli di cui s'è detto più sopra, sarà possibile osservare notevoli aumenti di forza dopo sei settimane o più di allenamento.

Rapporto fra forza e resistenza muscolare

Per forza muscolare si intende la forza massima di spinta di un gruppo di muscoli, mentre la resistenza muscolare isotonica è definita come la capacità, da parte di un gruppo muscolare, di sollevare ripetutamente un carico per un lungo periodo di tempo. In passato si riteneva che lo sviluppo della forza muscolare, mediante allenamento, con pesi, si ottenesse con programmi consistenti in scarse ripetizioni con carico elevato. Si riteneva d'altra parte che potesse aversi uno sviluppo migliore della resistenza muscolare mediante programmi basati su di un elevato numero di ripetizioni a basso carico. Sebbene molti specialisti della materia tendano ancora a distinguere tra grammi di «potenziamento» e di resistenza, vi sono scarse prove, scientifiche che giustifichino tale distinzione. Molti studi, infatti, hanno portato a ritenere che i due tipi di allenamento producano effetti quasi identici (Rampinini, 2009).

Il programma di potenziamento consisteva in esercizi di flessione delle braccia, che seguivano la progressione indicata da Delorme e Watkins di cui si è appena detto. Il programma di resistenza comprendeva invece la flessione delle braccia alla sequenza di 40 ripetizioni al minuto e con un carico di 5 kg, fino all'insorgenza della fatica. Gli effetti ottenuti mediante i due programmi suddetti sono riscontrabili nella figura 6.5 sia la forza che la resistenza venivano sviluppate in egual misura nei due programmi.

I risultati di cui sopra danno credito alla teoria che sia la forza che la resistenza muscolare possano essere sviluppate in egual misura con un unico programma isotonico. Di conseguenza, non è sempre valido il concetto che per aumentare la forza occorra eseguire poche ripetizioni con carico elevato e per aumentare la resistenza siano necessarie numerose ripetizioni a basso carico.

Programmi isotonici basilari per gli atleti

Poiché gran parte delle attività sportive coinvolge i maggiori gruppi muscolari del corpo umano, un programma isotonico di base dovrebbe consistere in una serie di esercizi che sviluppino tali gruppi. Nella tabella 6.1, vi sono degli esempi di programmi di tal genere e nell'appendice C vi è una descrizione dell'esecuzione dei vari esercizi con pesi.

Occorre tener presente che il numero delle serie dovrebbe essere tra 1 e 3, con carichi RM tra 2 e 10. All'inizio del programma, si raccomandano carichi leggeri e maggior numero di ripetizioni, per esempio 2 serie con carichi di 10 RM. Andando avanti nel programma, ma, possono essere eseguite 3 serie con carichi 6 RM poiché questa progressione ha mostrato di portare ad aumenti sostanziali di potenza.

All'inizio di un programma isotonico si pone sempre il problema del carico iniziale per i vari esercizi; in definitiva la via migliore è quella di procedere per tentativi, anche se errati. Se, per esempio, si desidera raggiungere un carico di 10 RM, l'atleta dovrà sollevare differenti carichi per determinare con esattezza il carico che potrà essere sollevato esattamente 10 volte per raggiungere lo stato di fatica. Il carico iniziale può essere calcolato approssimativamente in base al carico massimo che l'atleta può sollevare per una volta sola, oppure, per alcuni esercizi, in base al suo reso corporeo. Per esempio, conoscendo quest'ultimo dato, i carichi 10 RM per l'estensione possono essere calcolati in base ad un terzo del peso dell'atleta, maggiorato di 5 kg. Per l'esercizio di distensione su panca e per l'accosciamento (squat) la metà dei peso corporeo maggiorato di 5 kg, dovrebbe avvicinarsi al carico 10 RM. Se si conosce invece il carico massimale, il 40% circa di esso corrisponderà a 10 RM per i seguenti esercizi: estensione in piedi, estensione su panca, flessione delle braccia, squat. Per quanto tali calcoli approssimativi possano risultare utili, sarà comunque necessario a chi si allena trovare il proprio carico iniziale attraverso tentativi ed eventuali errori.

Mettendo in pratica i principi sopra esposti, più esercizi potranno essere inseriti nel programma in funzione della specialità sportiva praticata. Nell'appendice C è fornita una descrizione dettagliata degli esercizi in questione.

Programmi isometrici

Gli esercizi isometrici consistono in contrazioni muscolari eseguite contro resistenze fisse, inamovibili. Questo tipo di allenamento muscolare divenne molto popolare

negli Stati Uniti allorché due scienziati tedeschi, Hettinger e Mùller, affermarono che la forza muscolare poteva subire mediamente un aumento settimanale del 5% esercitando una tensione isometrica pari ai due terzi della forza massimale, mantenendo la contrazione per soli sei secondi, una volta al giorno e per cinque giorni alla settimana.

Come ci si poteva attendere, tali affermazioni rivoluzionarono tutti i concetti relativi all'allenamento con pesi e promossero molti nuovi studi sulla tecnica isometrica. Fatto interessante, la maggior parte di questi nuovi studi, pur non riuscendo a sostenere l'affermazione originaria che la forza potesse essere aumentata ad un ritmo settimanale del 5%, confermarono comunque che il programma isometrico porta ad un aumento significativo della forza muscolare.

Numero ed intensità delle contrazioni

Sono stati condotti molti studi sugli effetti prodotti dal numero e dall'intensità delle contrazioni isometriche sugli aumenti di potenza muscolare. Sono state fatte anche delle ricerche specifiche per stabilire se una o più contrazioni eseguite con intensità superiore ai due terzi della forza massimale, determinassero un maggior aumento di forza. I risultati sono però a tutt'oggi abbastanza contraddittori. Si è osservato, per esempio, che gli aumenti di forza nei soggetti che per una volta al giorno effettuavano contrazioni di intensità pari ai due di del carico massimale, erano uguali a quelli riscontrabili in soggetti che adottavano un programma di contrazioni eseguite per due giorni settimanali all'80% dello sforzo massimale. Un'altra ricerca è stata condotta su differenti gruppi di studenti (d'ambo i sessi) di scuole superiori, i quali eseguivano una contrazione al giorno al 25, 50, 75 o 100% della loro massima capacità di sforzo. I risultati hanno rivelato che tutti i gruppi, ad eccezione di quei soggetti che si allenavano al 25% del carico massimo, avevano aumentato la loro forza. Potremmo così citare altre ricerche ancora con risultati a volte controversi. In uno studio condotto dallo stesso Muller, ad esempio, si è visto che la forza isometrica massimale poteva essere meglio sviluppata se nelle sedute di allenamento venivano eseguite da 5 a 10 contrazioni massimali, mantenute ciascuna per 5 secondi. Da un punto di vista pratico sembra che quest'ultimo programma sia il migliore.

Durata e frequenza

I programmi isometrici di cui si è detto più sopra prevedono generalmente una frequenza di 5 giorni per settimana. Per quanto tale tipo di programmazione possa essere proficua, degli aumenti sostanziali sia della forza che della resistenza muscolare sono stati osservati anche in programmi con frequenza trisettimanale. Ad ogni modo, qualunque possa essere la frequenza, la durata di un programma di allenamento dovrebbe essere di almeno 4-6 settimane.

Specificità dell'angolazione

Come si è già detto più sopra, lo sviluppo di potenza negli allenamenti isometrici tende ad essere maggiore in quella angolazione articolare alla quale è stato effettuato l'allenamento. La figura 6.7 mostra i risultati di uno studio tendente a stabilire tale specificità dell'angolazione. In questo studio, il programma isometrico era basato su tre contrazioni massimali delle braccia mantenute per 6 secondi; l'angolo di contrazione era di 170°. Come si può osservare molto chiaramente, l'aumento della forza isometrica risultava molto maggiore all'angolazione di allenamento che non all'angolazione di 90°. Tale dato serve a mettere in risalto che se si desidera ottenere una forza isometrica per l'intera ampiezza del movimento, gli esercizi dovranno in tal caso essere eseguiti a diverse angolazioni piuttosto che ad soltanto; ciò costituisce un netto svantaggio per l'allenamento isometrico.

Metodica del sollevamento isometrico

Le contrazioni isometriche con pesi comprendono anche l'esecuzione di esercizi isotonici oltreché isometrici, in quanto l'atleta effettua un movimento isotonico rapido ed esplosivo che mantiene poi isometricamente per parecchi secondi; vengono in tal modo a sommarsi ai vantaggi di ambedue i tipi di contrazione. Gli esercizi vengono eseguiti mediante un attrezzo denominato rastrelliera isometrica, tale attrezzo consiste essenzialmente in una sorta di rastrelliera con bilanciere spostabile a vari livelli mediante due coppie di perni. La prima coppia serve a sostenere bilanciere e la seconda, posta circa due pollici più in alto, funge da arresto. Gli esercizi consistono nel rapido sollevamento del bilanciere in direzione dei perni d'arresto superiori e quindi nel continuare spingere l'attrezzo verso l'alto per un periodo da 3 a 7 secondi. Nella figura viene eseguito un esercizio in piedi e con il bilanciere tenuto alto sopra la testa.

Programmi isometrici per gli atleti

Molti sport richiedono forza isometrica e resistenza. Nella lotta, per, esempio, sono necessarie al lottatore sia la resistenza che la potenza proprio per resistere o portare gli attacchi all'avversario. Negli sport ginnici, potenza e resistenza sono naturalmente necessarie per mantenere il corpo in determinate posizioni.

Gli esercizi elencati possono essere eseguiti con regolari movimenti isometrici.

È da notare che viene indicata anche l'angolazione di esercizio; occorre comunque tenere presente che per ottenere degli aumenti di potenza per una serie più vasta di movimenti delle articolazioni, devono essere usati almeno altri due angoli, uno maggiore ed uno minore. E necessario inoltre ricordare che per ogni angolazione impiegata devono essere effettuate da 5 a 10 contrazioni massimali della durata di 5-7 secondi ciascuna.

Eseguendo in parallelo un programma isotonico ed uno isometrico, le sedute di allenamento vanno programmate in modo tale che gli esercizi isotonici siano eseguiti il lunedì ed il giovedì e quelli isometrici il martedì e venerdì, dedicando al riposo i giorni di mercoledì, sabato e domenica. Inoltre, poiché la maggior parte degli esercizi isotonici possono essere eseguiti anche isometricamente, essi possono essere aggiunti in funzione della specialità per la quale l'atleta si allena.

Programmi isocinetici

Come si è detto nell'ultimo capitolo, in una contrazione isocinetica viene sviluppata una tensione massimale attraverso l'intera ampiezza del movimento articolare. Tutto ciò viene eseguito controllando la velocità del movimento, per cui è necessaria una speciale attrezzatura. Precedentemente si è già parlato dei vantaggi della contrazione isocinetica rispetto a quella isotonica. La pratica dell'allenamento isocinetico è relativamente recente e non è stata quindi ancora oggetto di un gran numero di studi. Comunque, dalle ricerche condotte fino ad oggi, risulta chiaramente la possibilità di ottenere sostanziali aumenti di potenza mediante l'allenamento isocinetico. Seguendo per esempio un programma isocinetico con tre sedute per settimana e per la durata di otto settimane, si è avuto un aumento del 30% della forza isocinetica.

Specificità della velocità

Come si è ricordato prima, uno degli aspetti particolari dell'allenamento isocinetico è la possibilità di controllo della velocità del movimento nel corso dell'esercizio. Questo è forse l'aspetto più importante di tale tipo di allenamento poiché in molte attività sportive la forza muscolare viene applicata a varie velocità nel corso di uno stesso movimento. Si è già trattato della relazione tra forza muscolare e velocità di movimento. È stato rilevato come la curva di relazione forza-velocità sia spostata verso l'alto a destra in quegli atleti i cui muscoli contengono un'alta percentuale di fibre veloci.

Ammettendo che la distribuzione del tipo di fibre non subisca variazioni con l'allenamento, si pone il quesito se la curva forza-velocità possa spostarsi in alto a destra in seguito ad allenamento isocinetico con pesi.

Per cercare di rispondere a questo interrogativo, sono state recentemente condotte molte ricerche, nelle quali si è proceduto in più direzioni. In una di queste sono state determinate le variazioni di potenza e resistenza isocinetica del quadricipite di soggetti tra i quali si sono allenati tre volte alla settimana per sei settimane. L'allenamento consisteva in esercizi di massima estensione e flessione delle gambe la durata di 2 minuti. Un gruppo di soggetti si allenava a bassa velocità di movimento (36° al secondo) mentre l'altro eseguiva movimenti a velocità elevata (108° al secondo).

È evidente che l'allenamento a bassa velocità determinava maggiori aumenti di potenza essenzialmente alla velocità impiegata nell'allenamento. Invece, l'allenamento a velocità elevata permetteva di ottenere aumenti di potenza a tutte le velocità di contrazione, anche a velocità inferiori a quelle di allenamento. In altre parole, l'intera curva forza-velocità veniva effettivamente a spostarsi in alto a destra in seguito all'allenamento isocinetico condotto a velocità elevata. Si è anche visto che quest'ultimo tipo di allenamento porta ad un maggiore aumento della resistenza muscolare rispetto a quello ottenuto con l'allenamento a basse velocità.

In uno studio più recente, sono state ulteriormente analizzate le due diverse velocità di allenamento. Il programma consisteva nei seguenti esercizi: estensione su panca, flessione delle braccia, estensione delle gambe ed esercizio del «rematore» a tronco piegato, con frequenza di tre sedute settimanali, per la durata di otto settimane. Un gruppo si, allenava alla velocità di 24° al secondo, l'altro invece a 136° secondo. Il primo gruppo eseguiva 8 ripetizioni per ciascuna delle tre serie, il secondo 15 ripetizioni (sempre per ciascuna delle tre serie le contrazioni erano sempre massimali. La media degli aumenti di forza ricavati dalla misurazione eseguita nel corso degli esercizi: flessione delle braccia, estensione dei tricipiti flessione delle spalle, estensione delle gambe, estensione su panca.

Ancora una volta risulta evidente che l'allenamento a velocità elevate consente di ottenere aumenti di potenza tanto per i movimenti veloci che per quelli lenti. Per contro, l'allenamento a basse velocità produceva aumenti soltanto nei movimenti lenti.

Dai risultati sin qui esposti si può ricavare quanto segue:

L'allenamento isocinetico a basse velocità di movimento determina aumenti di potenza soltanto per i movimenti lenti.

L'allenamento isocinetico a velocità elevate determina aumenti di potenza per tutte le velocità di movimento(a ritmi uguali a quelli di allenamento nonché a ritmi inferiori).

L'allenamento isocinetico a velocità elevate aumenta la resistenza muscolare nei movimenti veloci più di quanto l'allenamento a basse velocità non faccia per i movimenti lenti.

Ritornando al quesito dal quale si è partiti e cioè se la curva forza-velocità possa essere spostata in alto a destra mediante allenamento isocinetico, possiamo senz'altro rispondere affermativamente. Si deve comunque ricordare che per ottenere uno spostamento di tutta la curva è necessario un allenamento isocinetico condotto velocità elevate.

Programmi isocinetici per gli atleti

Poiché le ricerche condotte sull'allenamento isocinetico sono ancora in numero limitato, non è possibile indicare a tutt'oggi un programma isocinetico specifico per tutte le attività sportive. Volendo comunque tentare di avviare un tale programma, possono risultare utili le seguenti indicazioni di massima:

La frequenza degli allenamenti dovrebbe essere di due o quattro volte alla settimana. La durata dei programmi di allenamento dovrebbe essere di sei settimane o più.

Gli schemi motori di una determinata specialità sportiva, per la quale l'atleta si allena, dovrebbero essere simulati il più esattamente possibile durante le sedute di allenamento.

La velocità di allenamento dovrebbe essere pari, o addirittura maggiore, alla velocità richiesta dalla specialità sportiva per la quale l'atleta si allena.

Il numero delle contrazioni massimali dovrebbe andare da otto a quindici per ciascuna serie dovrebbero essere eseguite tre serie per ciascun esercizio.

Programmi eccentrici

Gli allenamenti pliometrici (o eccentrici) con pesi non hanno destato, in questi anni, particolare interesse a livello di massa. Alcuni ricercatori si sono peraltro interessati al fatto che un muscolo possa produrre una tensione eccentrica superiore di circa il 40% rispetto a quella concentrica. In effetti, per un certo periodo si era teorizzato che applicando maggiori tensioni con programmi eccentrici, potesse essere sviluppata una maggiore potenza muscolare. I risultati di molti studi condotti allo scopo di provare tale ipotesi, hanno dimostrato che l'allenamento basato su contrazioni eccentriche massimali non determinava aumenti di potenza muscolare maggiori di quelli ottenuti con un allenamento condotto con contrazioni massimali concentri-che. In effetti, tanto i programmi comprendenti le contrazioni eccentriche quanto quelli comprendenti le contrazioni concentriche mostravano, nei risultati, identici aumenti di forza. Come è stato rilevato nel precedente capitolo, il dolore muscolare durante i primi cinque giorni dell'allenamento con pesi è molto più forte dopo l'esecuzione di contrazioni eccentriche che non in seguito a qualsiasi altro tipo di contrazione. Si può quindi concludere affermando che l'uso di contrazioni eccentriche allo scopo di accrescere la potenza muscolare non è in fondo molto vantaggioso e può altresì provocare un eccessivo dolore muscolare.

Scelta del programma ottimale

A questo punto dovrebbe apparire ovvio che ciascuno dei programmi di allenamento di cui abbiamo parlato offre nel contempo vantaggi e svantaggi. Considerata sotto questo aspetto, la questione della scelta del programma ottimale non è effettivamente posta nei termini giusti comunque gli studi condotti sull'argomento sono veramente molto pochi.

Raffronto tra programmi isotonici e programmi isometrici

Una rassegna comparativa degli studi sui programmi isotonici ed isometrici è stata effettuata da Clarke (1974) e viene qui di seguito riassunta:

Com'è facile intuire, gli esercizi isotonici hanno generalmente una maggiore motivazione in quanto i risultati che si ottengono sono di immediata constatazione.

Per contro, gli esercizi isometrici offrono il vantaggio di poter essere eseguiti ovunque, mentre quelli isotonici (o almeno alcuni di essi) possono porre dei problemi relativi alla disponibilità di spazio e possono inoltre richiedere speciali attrezzature. Sia gli esercizi isotonici che quelli isometrici aumentano la potenza muscolare. Generalmente non viene fornita alcuna indicazione preferenziale per uno dei due tipi di esercizio, ma alcuni ricercatori hanno ottenuto aumenti maggiori di forza in atleti allenati con gli esercizi isotonici.

La resistenza muscolare viene sviluppata più efficacemente mediante gli esercizi isotonici che non mediante quelli isometrici. Il recupero dalla fatica muscolare è più rapido dopo gli esercizi isotonici che non dopo quelli isometrici.

L'allenamento isometrico effettuato ad una sola angolazione articolare sviluppa forza, in maniera significativa, soltanto in quella posizione e non in altre. Ciò non avviene con gli esercizi isotonici che determinano invece uno sviluppo di potenza più uniforme.

Raffronto tra programmi isotonici e programmi isocinetici

È stato recentemente condotto uno studio comparativo sugli effetti ottenuti mediante programmi isotonici ed isocinetici sulla forza isometrica, sulla isotonica e sulla isocinetica. Sono stati determinati gli effetti comparativi anche per quanto concerne la composizione corporea e la performance motoria. In tale studio il programma isotonico consisteva in 3 serie di esercizi con carico 8 RM; i programmi isocinetici erano uguali a quelli descritti precedentemente. Risulta chiaramente che i programmi isocinetici, in particolare quello con movimenti veloci, producono aumenti maggiori di quelli ottenuti con i programmi isotonici per quanto concerne la forza isotonica, isometrica ed isocinetica. In base ai dati di questo studio si possono trarre le seguenti conclusioni:

Il raffronto tra l'allenamento alla resistenza isocinetica e quello alla resistenza isotonica testimonia a favore del primo che è nettamente superiore nel migliorare la forza muscolare, la composizione corporea e la performance motoria.

L'allenamento isocinetico ad elevate velocità di movimento permette di ottenere notevoli aumenti della forza muscolare per tutte le velocità d'esecuzione. L'esecuzione di movimenti specifici viene migliorata in maniera più evidente dai programmi isocinetici che non da quelli isotonici. Ciò significa che l'allenamento isocinetico permette di ottenere maggiori aumenti della forza muscolare non soltanto per i tipi di esercizi simili all'attività svolta in allenamento, bensì anche per tutti quei movimenti veloci che vengono eseguiti durante la competizione.

6.
MEZZI E METODI DI ALLENAMENTO APPLICATI (miscellanea di sport individuali)

Atletica leggera

I mezzi di allenamento del saltatore possono essere classificati in esercizi generali, esercizi speciali, esercizi di gara e simili.

1) Esercizi generali:
- cross;
- prove frazionate;
- potenziamento generalizzato;
- preacrobatica, acrobatica e attrezzistica;
- esercizi di mobilità articolare ed estensibilità muscolare;
- «policoncorrenza»;
- esercizi col bilanciere (per la forza massima ed esplosiva);
- balzi su brevi distanze;
- andature di salto;
- salite;
- traino;
- resistenza alla velocità lunga.

2) Esercizi speciali:
- esercizi col bilanciere (per la forza veloce e reattiva);
- balzi su lunghe distanze;
- balzi con rincorsa;
- andature specifiche di salto;
- salti con rincorsa breve;
- esercizi di salto;
- salti facilitati;
- pliometria generica;
- reattività;
- resistenza alla velocità breve;
- sprint;

- corse per il miglioramento della tecnica di corsa;
- prove lunghe di velocità.

3) Esercizi di gara e simili:
- progressivi;
- lanciati;
- prove brevi di velocità;
- «supervelocità»;
- rincorse;
- pliometria specifica;
- salti con rincorsa media;
- salti con rincorsa completa. (Arnot, 1984)

Metodi e mezzi di preparazione dei saltatori

La metodologia di utilizzazione delle sopraelencate esercitazioni (a carattere generale, speciale e di gara) può essere riassunta nel modo seguente.

Cross

Corsa sulla distanza di 2-3 km, da svolgere preferibilmente su terreno morbido e regolare. Si può eseguire ad andatura media o veloce e con velocità costante o in progressione. Si utilizza solo nei primi due mesocicli della preparazione, cercando di migliorare sempre più la velocità.

Prove frazionate

Corse su distanze di 300-500 m, da svolge-re in pista o sul prato, per un totale di 1500-2000 m, alla velocità di 16-20 secondi ogni 100 m, con pause di 3-5 minuti. Si utilizzano solo all'inizio della preparazione, cercando di migliorare sempre più la velocità.

Potenziamento generalizzato

Interessa quasi tutti i distretti muscolari, con esercizi analitici, eseguiti in forma prevalentemente dinamica.

Si eseguono a circuito o a stazioni. con pause brevi se si vuole interessare prevalentemente la forza resistente o con pause più lunghe se si vuole influenzare di più la forza veloce. Quando viene eseguito a circuito, si utilizzano 6-8 esercizi che interessano distretti muscolari diversi, con intervalli di 30-90 secondi. Il circuito può essere ripetuto fino a quattro volte, con intervalli di 8-10 minuti. Il lavoro a stazioni, invece, consiste nel ripetere un esercizio fino a 5-6 volte, con pause di 2 minuti circa. Alla fine del primo esercizio, si passa ad altri che interessano gruppi muscolari diversi, per un totale di 5-6.

La difficoltà dei singoli esercizi, in ambe-due i casi, deve essere tale da consentire, a seconda degli esercizi, un massimo di 10-30 ripetizioni. Questo lavoro viene svolto, nella prima tappa della preparazione, cercando di aumentare sempre più il volume. Nella seconda tappa, invece, il volume diminuirà sempre più per consentire intensità sempre più alte. Alcuni esercizi vengono utilizzati anche nei cicli funzionali successivi, per mantenere un'elevata efficienza fisica generale (Brunetti, 2011; Chiodo, 2006).

Preacrobatica, acrobatica e attrezzistica

Sono esercizi tipici della ginnastica artistica e vengono utilizzati soprattutto dai saltatori in alto e con l'asta. Sono maggiormente presenti nelle prime due tappe della preparazione.

Esercizi di mobilità articolare ed estensibilità niuscolare

Sono esercizi che hanno lo scopo di migliorare o mantenere la mobilità di alcune articolazioni attraverso l'estensione dei relativi muscoli. Si eseguono in forma passiva, senza ricorrere a forzature, mantenendo determinate posizioni per un sufficiente numero di secondi (15-30), e in forma attiva (oscillazioni, slanci, ecc.). Si utilizzano in tutti i periodi dell'allenamento, nella fase di riscaldamento e alla fine di alcune sedute.

Policoncorrenza

Lanci a due mani, preferibilmente dorsali e frontali partendo dal basso, di palle zavorrate di 3-5 kg e di palle di ferro di 4-7 kg.

Si utilizzano tutto l'anno, raggiungendo i 20-30 lanci nelle prime tappe della preparazione e riducendoli progressivamente fino al periodo delle gare. È fondamentale lanciare sempre al massimo delle proprie possibilità con un movimento di tipo esplosivo-balistico.

Esercizi col bilanciere (per la forza massima ed esplosiva)

Fanno parte di questi esercizi la girata, lo strappo, lo slancio, lo squat, il 1/2 squat, lo step-up, le divaricate, le estensioni sugli avampiedi (anche da seduti per i muscoli solei), le «cedute» (per i triplisti), la panca e il «pullover» (per gli astisti).

Di solito, si eseguono 2-3 esercizi, con carichi che vanno dall'80 al 100% del massimo che l'atleta è in grado di sollevare, per un numero di ripetizioni che va da 6 a 1, per 5-6 serie, con pause di 5-6 minuti. Per quanto riguarda la muscolatura dei piedi e i muscoli solei, invece, si utilizzano carichi che consentono massimo 15-30 ripetizioni.

Nelle prime due tappe della preparazione, è preferibile lavorare con il metodo delle serie e della piramide larga, con un numero di ripetizioni che va da 6 a 3. Nelle tappe successive, bisogna utilizzare il metodo dei carichi submassimali-massimali e quello della piramide stretta, con un numero di ripetizioni che va da 4 a 1.

Nel periodo delle gare, questo lavoro viene svolto in quantità molto ridotta, con il solo scopo di mantenere il livello di forza rag, giunto precedentemente.

Balzi su brevi distanze (da fermi)

Sono il lungo, il «biplo», il triplo e il quintuplo, con partenza da fermo (a piedi pari divaricati sagittalmente), eseguiti in forma successiva, alternata o a piedi pari con gambe semipiegate. Vengono utilizzati già nell prima tappa di allenamento, in quantità progressivamente crescente (a intensità sempr massimale), per arrivare nella seconda tappa a un massimo di 60-80 unità di balzo. Nell tappe successive, la loro quantità diminuisce sempre più, fino a scomparire del tutto: essi possono essere utilizzati solo come test nel periodo delle competizioni oppure nel riscaldamento.

Andature di salto

Sono i cosiddetti esercizi di «passo-stacco», eseguiti con 1-6 passi di rincorsa, nelle maniere più svariate (in avanzamento, in elevazione, cambiando l'arto di stacco, ecc.), su distanze di 30-50 m, ripetuti massimo 6-8 volte, con pause di 3-5 minuti.

Possono anche essere eseguiti con sovraccarichi corrispondenti al 5-10% del peso dell'atleta, su leggere salite o superando ostacoli di 50-80 cm. Sono utilizzati già nella prima tappa della preparazione, in quantità gradualmente crescente, per arrivare al massimo all'inizio della seconda e mantenere tale quantità fino alla fine del ciclo annuale aumentando sempre più l'intensità e i passi di rincorsa.

Salite

Tratti di corsa di 30-50 m, su salite con pendenza del 12-15%, effettuati in velocità o con balzi (successivi e alternati), a intensità quasi massimale o massimale.

Di solito, queste due esercitazioni vengono inserite nella stessa seduta di allenamento (balzi + sprint) e organizzate in serie di ripetizioni, per un totale di 300-500 m, sia di balzi sia di corsa, con micropause di 3-4 minuti e macropause di 8-10 minuti. È importante la ricerca di azioni ampie che hanno lo scopo di allenare la forza veloce. Alla fine di queste esercitazioni, è consigliabile eseguire alcuni allunghi di compensazione (sul piano) a velocità medio-elevata. Sono utilizzate nella prima tappa della preparazione e nella seconda con le modalità sopra esposte.

Traino

Sprint di 30-40 m, trainando un carico, legato a una corda di circa 3 m, di un peso tale da provocare una riduzione della velocità di circa 0,8 secondi (8-12 kg) rispetto al tempo impiegato sulla stessa distanza, senza alcun sovraccarico. Di solito, si eseguono due serie di 4-5 ripetizioni, con micropause di 3-4 minuti e macropause di 8-10 minuti. È importante la ricerca di azioni ampie che stimolino molto la forza veloce. Questa esercitazione deve essere seguita da 5-6 sprint senza traino (sprint di compensazione) eseguiti con le stesse modalità di quelli precedentemente descritti.

Il traino rappresenta l'evoluzione degli sprint in salita e, quindi, viene utilizzato soprattutto nella terza tappa della preparazione.

Resistenza alla velocità lunga

Corse su distanze di 150-300 m, per un totale di 800-1000 m, all'85% circa della velocità realizzabile sulle varie distanze. Possono essere eseguite sotto forma di prove ripetute o di serie di ripetizioni, con rispettive pause di 6-10 e 3-4/10-12 minuti. Questa esercitazione rappresenta l'evoluzione delle prove frazionate e, quindi, viene utilizzata soprattutto nella terza tappa della preparazione.

Esercizi con il bilanciere (per la forza veloce e reattiva)

Rientrano in questo gruppo gli esercizi di 1/2 squat veloce, 1/2 squat-jump (eseguito anche con molleggio), 1/4 squat continuo, 1/4 squat-jump, lo step specifico, le divaricate con salto, i saltelli e le andature di salto.

Questi esercizi vengono eseguiti all'incirca con i seguenti carichi, che sono in rapporto al peso corporeo dell'atleta: le andature con la metà, il 1/2 squat veloce con il doppio, il 1/4 di squat continuo con il triplo e tutti gli altri con un sovraccarico pari al peso corporeo. Di solito, si eseguono 2-3 esercizi, per 6-8 ripetizioni (20-30 per i saltelli e le andature), con 4-5 minuti di pausa.

L'allenamento per la forza veloce e reattiva, come quello per la forza massima ed esplosiva, viene utilizzato in tutte le fasi della preparazione, con prevalenza dei primi sui secondi nella parte finale della preparazione e viceversa. Per quanto riguarda la metodica di questi esercizi, si consiglia di utilizzare sempre quella delle serie e della cosiddetta piramide larga.

Balzi su lunghe distanze (da fermi)

Vanno dal decuplo fino ai 50 m, con partenza da fermi, eseguiti in forma successiva, alternata e combinata.

L'obiettivo è quello di raggiungere la massima distanza (o coprirla col minor numero di balzi) e contemporaneamente impiegare il minor tempo possibile. Vengono utilizzati prevalentemente nella terza tappa della pre-parazione per un massimo di 100 unità di balzo (150 per i triplisti). Nelle prime due tappe sono presenti con scopi prevalentemente tecnici e vengono eseguiti sotto forma di andatura. Nel periodo delle competizioni vengono utilizzati raramente.

Balzi con rincorsa

Sono i balzi su brevi e lunghe distanze eseguiti con rincorse che vanno da 2 a 12 passi. Rappresentano l'evoluzione dei balzi da fermi e, quindi, vengono utilizzati dalla terza tappa della preparazione fino al periodo delle gare, durante il quale viene ridotto il volume e si utilizzano le rincorse più lunghe.

Nella terza tappa, vengono eseguiti in minor quantità, con 2 passi di rincorsa, in alcune delle sedute in cui vengono utilizzati i balzi su brevi distanze da fermi. Il loro volume raggiunge il massimo nella quarta tappa: 50-60 unità di balzo (80-100 per i triplisti).

Andature specifiche di salto

Sono esercizi di passo-stacco, specifici per una determinata specialità ed eseguiti con modalità il più possibile vicine all'esercizio di gara. Rappresentano l'evoluzione delle andature di salto precedentemente descritte e, quindi, vengono utilizzate dalla terza tappa della preparazione, nella stessa quantità in cui nella seconda vengono utilizzate quelle meno specifiche. Nelle fasi successive si riduce sempre più il volume, aumentando l'intensità e il numero dei passi di rincorsa.

Salti con rincorsa breve

Salti completi con 2-6 passi di rincorsa (2-4 per i saltatori in alto). Vengono utilizzati prevalentemente nella seconda e terza tappa della preparazione, cercando di raggiungere le 20-25 unità alla fine della seconda tappa e poi riducendole progressivamente fino a 10-12 alla fine della terza tappa.

Salti facilitati

Salti con rincorsa ridotta, effettuati in condi-zioni «facilitate» (il più delle volte staccando su una cassetta alta 10-15 cm). Di solito, so-no limitati a poche unità e inseriti all'inizio della seduta di salti. Vengono utilizzati pre-valentemente nella quarta tappa della preparazione.

Esercizi di salto

Rientrano tra questi esercizi lo skip e stacco, lo skip e salto, gli stacchi con rincorse ridotte e il salto con stili diversi (salto in alto). Vengono utilizzati all'inizio della preparazione fino al periodo delle gare e inseriti, di solito, all'inizio delle sedute di salto.

Pliometria generica

Cadute a piedi pari e su un solo piede (sx e dx), con successivo rimbalzo verso l'avanti o l'alto, da altezze vicine a quella di caduta ottimale (60-80 cm). Di solito, tale esercitazione viene organizzata in serie di 5-6 ripetizioni, per un totale di 20-30 unità, con pause di 2-3/5-6 minuti. Viene introdotta nella seconda tappa della preparazione, per arrivare al massimo volume nella terza. Nelle successive fasi vengono utilizzate forme ancora più specifiche di allenamento.

Reattività

Saltelli a piedi pari, con e senza ostacoli, ricercando la massima elevazione e il maggior dinamismo possibile. Si eseguono 6-10 serie, di 6-8 ripetizioni, con 2-3 minuti d'intervallo. Viene utilizzata a partire dalla terza tappa della preparazione, fino al periodo delle gare. Il massimo del volume si raggiunge tra la terza e la quarta tappa.

Resistenza alla velocità breve

Corse su distanze di 60-100 m, per un totale di 800-1(X)0 m al 90% circa della velocità realizzabile sulle varie distanze. Di solito, vengono organizzate in serie di ripetizioni, con pause di 2-3/6-8 minuti. Vengono introdotte nella seconda tappa della preparazione, con un volume molto elevato e una velocità un po' più bassa. Nella terza tappa, il volume resta massimo e cresce progressivamente la velocità. Nelle fasi successive, il volume diminuisce sempre più con conseguen te aumento della velocità.

Sprint

Corse di 30-50 m, per un totale di 300-400 a velocità quasi massimale. Possono essere eseguite sotto forma di prove ripetute o serie di ripetizioni, con rispettive pause 4-5 e 3-4/6-8 minuti. Rappresentano l'evoluzione delle esercitazioni con il traino e, quindi, vengono utilizzate prevalentemente nell quarta tappa della preparazione.

Corse per il miglioramento della tecnica di corsa

Prove di 60-100 m, durante le quali vengon ricercate l'ampiezza, la frequenza e la tecnica di corsa del saltatore. Di solito, qtiesti diversi modi di correre vengono utilizzati nella stessa seduta, con lo scopo dell'addestramento alla corsa. Questo tipo di allenamento, effettuato con le stesse modalità della resistenza alla velocità breve, viene utilizzato prevalentemente nelle prime tappe della preparazione, quando la velocità non può es sere troppo elevata.

Prove lunghe di velocità

Corse su distanze di 150-200 m, a velocità submassimale, organizzate sotto forma di prove ripetute, per un totale di 3-4 prove, con pause di 12-15 minuti. Rappresentano l'evoluzione delle prove lunghe di resistenza alla velocità e vengono utilizzate a partire dalla quarta tappa della preparazione.

Progressivi

Corse sulla distanza di 60-1(X) m, cercando di raggiungere progressivamente il massimo della velocità e mantenerlo negli ultimi 20-30 m. Si eseguono 6-8 prove, con pause di 6-10 minuti, rilevando il tempo del tratto finale con le cellule fotoelettriche. Vengono inserite e utilizzate prevalentemente nella quarta tappa della preparazione.

Lanciati

Tratti di corsa di 10-20 m, a velocità massimale, dopo aver effettuato una fase di lancio di 30-40 m. Si eseguono 6-8 prove, con pause di 8-10 minuti, rilevando il tempo del tratto finale con le cellule fotoelettriche. Rappresentano l'evoluzione degli sprint e vengono utilizzati nel periodo delle gare.

Prove brevi di velocità

Corse di 60-100 m, per un totale di 6-8 prove, a velocità quasi massimale, con pause di 6-10 minuti. Si possono effettuare anche con cinture zavorrate di 4-6 kg. Rappresentano l'evoluzione delle prove brevi di resistenza alla velocità e vengono utilizzate dalla seconda parte della quarta tappa della preparazione.

«Supervelocità»

Corse di 30-100 m, facilitate da discese con pendenza dell'1-1,5%, dall'azione di traino esercitata da un motore o da altri sistemi. Si effettuano a velocità superiori alla massima, per un totale di 4-6 prove, con 8-10 minuti di pausa. È consigliabile correre gli ultimi metri delle prove senza aiuto, e con l'intento di mantenere la velocità acquisita. Si tratta di un mezzo altamente sofisticato, che può essere utilizzato dalla fine della quarta tappa della preparazione.

Rincorse

Rincorse tipo gara, anche maggiorate di 2-4 passi. Si eseguono 8-12 prove, alcune delle quali con stacco, con pause di 5-8 minuti. Vengono inserite nel quarto ciclo della preparazione e utilizzate anche durante le gare, in quantità leggermente ridotta.

Pliometria specifica

Consiste nell'applicare i principi della plio-metria ad azioni di salto che è preferibile eseguire con rincorsa ridotta (per esempio, salto triplo cadendo da un plinto di 50-60 cm e dopo aver effettuato alcuni passi di rincorsa su di esso; salto in lungo salendo col penultimo passo su un rialzo di 10-15 cm e riscendendo sull'ultimo per effettuare lo stac-co, ecc.). Rappresenta l'evoluzione della pliometria generica e, quindi, viene utilizzata dalla quarta tappa della preparazione, limitatamente a 8-12 ripetizioni.

Salti con rincorsa media

Salti completi con 8-12 passi di rincorsa (6-8 per i saltatori in alto). Vengono utilizzati dalla terza tappa della preparazione, cercando di raggiungere progressivamente le 15-20 unità nella quarta tappa, per poi ridurle nel periodo delle gare.

Salti con rincorsa completa

Rappresentano l'esercizio di gara e vengono utilizzati dalla fine della quarta tappa della preparazione. Di solito, si eseguono 6-8 salti, con 8-12 minuti di pausa, dopo aver effettuato alcune rincorse e azioni di stacco. La frequenza settimanale di utilizzazione di tutte le esercitazioni dei saltatori, nelle diverse tappe della preparazione e durante il periodo delle gare è riportata nella tabella 19.13.

Pur essendo la specificità dei mezzi utilizzati il motivo fondamentale del progresso nelle specialità di salto, non si può ignorare l'influenza di altri importanti fattori della struttura di allenamento. Infatti, l'allenamento dei saltatori si è orientato sempre più verso l'intensità, con conseguente (anche se relativa) riduzione del volume. Inoltre, la preparazione ha assunto un carattere sempre più ciclico, sia nell'ambito dei microcicli sia nell'arco dell'anno: l'alternanza tra carico e recupero, nell'ambito della settimana, è molto più frequente e i periodi preparazione e di gara sono diventati, pe quasi tutti gli atleti, due (periodizzazione doppia). Infine, si assiste a una variazion continua dei mezzi di allenamento sia nel l'ambito delle diverse tappe sia nelle set mane della stessa tappa.

Tutto ciò rende più efficaci i vari mezzi allenamento, indipendentemente dalla metodica utilizzata. Si può dire che gli obietti primari delle varie tappe di allenamento d saltatori siano i seguenti:

- tappa introduttiva: condizionamento generale;
- tappa fondamentale: sviluppo della forza massima ed esplosiva;
- tappa fondamentale intensiva: sviluppo della forza reattiva;
- tappa speciale: sviluppo della velbcità:
- periodo agonistico: miglioramento dell capacità di salto.

In ogni tappa di lavoro, almeno il 50% d carico deve essere rivolto al raggiungimento dell'obiettivo primario; la parte restante allo sviluppo delle altre qualità necessarie.

Lancio de Giavellotto

Il giavellotto essendo tali attrezzi più leggeri e più aerodinamici rispetto al peso e al martello. Il giavellotto, più di tutti gli attrezzi, è molto sensibile alle condizioni atmosferiche e al vento in particolare, tanto da costringere l'atleta a una tattica specifica per ridurre il più possibile questa resistenza.

In tutti i lanci, comunque, le azioni degli arti inferiori e delle anche precedono quelle del busto e delle braccia.

La catena cinetica inizia con il lavoro delle gambe, mentre il busto rimane decontratto, per predisporre gli stiramenti muscolari che sono determinanti per l'ampiezza e la potenza del lancio. Le forze trasmesse dalle gambe vanno a confluire, nel momento del doppio appoggio, in una forte tensione, a livello coxofemorale, per cui cosce e glutei trattengono un bacino stabile e compatto. Ciò permetterà alle braccia e alle mani di intervenire, dopo un'azione di prestiramento, con tutta l'esplosività e l'efficacia che il gesto esige.

Al lanciatore sono richieste qualità fisiche elevate. È fondamentale la sua capacità di apprendimento che condiziona l'esecuzione tecnica, ma è altrettanto importante un buo livello coordinativo di partenza con spicca caratteristiche di sensibilità neuromuscolare e senso dell'equilibrio. Il lanciatore deve essere in grado di esprimere altissimi valori di forza nelle sue diverse manifestazioni: esplosiva, elastica, veloce. Quest'ultima, in particolare, assume importanza per imprimere all'attrezzo maggior accelerazione consentita. Il lanciatore, infatti, deve scegliere una traiettoria accelerazione più lunga possibile e contemporaneamente accorciare il tempo di esercitazione del suo lancio. È in effetti indispensabile trovare, in ogni lancio, il compromesso ottimale tra l'ampiezza del gesto e la veli di esecuzione.

CARATTERISTICHE TECNICHE FONDAMENTALI DEI DIVERSI LANCI

Lancio del peso

È una specialità attualmente in evoluzione alla traslocazione rettilinea si sta affiancando, quella rotatoria, in una pedana circolare del diametro di 2,135 m. L'attrezzo di gara consiste in una pesante palla di ferro di 7,260 kg, che posata sulle tre ditata centrali della mano (le altre due dita fanno da sostegno) e alla base del collo, diventa un tutt'uno col corpo dell'atleta, per essere spinta con la massima velocità e potenza nel momento finale del lancio.

Le due tecniche (rettilinea e rotatoria) si differenziano tra loro nei preliminari e nelle traslocazioni: entrambe ricercano, per acquisire velocità, un percorso di accelerazione dell'attrezzo il più lungo possibile. Da questo punto di vista, la seconda tecnica è più vantaggiosa della prima, ma richiede all'atleta maggiori capacità ritmiche, di controllo e di equilibrio dinamico.

Comunque, la fase di «doppio appoggio» che precede il finale di lancio è uguale per entrambe. Gli arti inferiori agiscono simultaneamente: per il lanciatore destrimano, il sinistro si estende e crea un'azione di contrasto alla parte destra che avanza, per favorire un anticipo del bacino, rispetto al busto e all'attrezzo. L'accelerazione finale termina per mezzo di una frustata delle dita della mano.

Lancio del disco

Il disco è un attrezzo di forma lenticolare che presenta particolari caratteristiche aerodinamiche quando è animato dal movimento giroscopico impressogli dal dito indice. È un lancio che si effettua in rotazione e che implica per l'atleta azioni di torsione e di giri a «perno» (un giro e mezzo), attorno al proprio asse longitudinale, combinate con uno spostamento rettilineo, lungo il diametro della pedana (2,50 m).

L'analisi qui descritta della traslocazione di un lanciatore fa riferimento a un atleta destrimano: l'atleta, partendo con il dorso al settore di lancio, compie un giro e mezzo, facendo perno prima col piede sinistro e poi col destro. L'inizio della rotazione si realizza con: (a) la torsione del busto a destra (preliminare) con disco nella mano destra e (b) l'apertura in rotazione-perno del piede, ginocchio, anca sinistri sul piede sinistro.

Il primo giro ha come obiettivo la ricerca della posizione per il finale di lancio, facendo percorrere all'attrezzo la traiettoria più lunga possibile e parallela al corpo dell'atleta (sono favoriti gli atleti con le braccia lunghe). Il mezzo giro successivo permette la realizzazione del finale di lancio vero e proprio.

Dalla posizione di «doppio appoggio», con dorso al settore di lancio e il busto inclinato in avanti, l'atleta conserva la linea delle spalle in massima torsione a destra. Il braccio di lancio viene mantenuto il più possibile arretrato e decontratto.

L'azione di spinta in avanzamento della gamba e dell'anca destra e l'azione di contrasto della sinistra, che compie un movimento di tenuta, provocano, estendendosi, una sommazione di forze: prima favorendo uno stiramento dei muscoli rotatori e flessori del tronco, successivamente frustando avanti/alto il braccio di lancio, per far uscire il disco alla massima velocità.

La velocità di uscita del disco è il fattore più importante, come del resto in tutti gli altri lanci; perciò, tutte le forze devono essere convogliate nella stessa direzione. Il braccio di lancio deve applicare le forze seguendo l'angolo d'inclinazione del disco. Le diverse forze del corpo devono essere sviluppate in un ordine definito, con un ritmo preciso. Per esempio, i muscoli del tronco e delle cosce, che sono più lenti ma più forti, intervengono per primi; i muscoli delle braccia, dei piedi, delle mani e delle gambe, meno forti ma più rapidi, sviluppa-no le loro forze per ultimi.

Lancio del martello

L'attrezzo di lancio è una sfera di ferro collegata da un filo di acciaio a una maniglia, che serve da impugnatura. L'attrezzo pesa complessivamente 7,260 kg e, per le sue caratteristiche, viene lanciato in rotazione. La lunghezza complessiva dell'attrezzo è di 1,22 m.

Come nel disco, la velocità è trasmessa all'attrezzo per mezzo di movimenti rotatori all'interno di una pedana circolare di 2,135 m di diametro, ma, a differenza del disco, il martello viene impugnato e lanciato a due mani e presenta una tecnica del tutto diversa dagli altri lanci.

I preliminari e i giri servono a imprimere attraverso un ritmo crescente, la più grande velocità di uscita all'attrezzo, nel finale.

L'atleta deve impiegare molta forza e abilità per mantenere il suo attrezzo su una traiettoria quasi circolare, impiegando una velocità adeguata e mantenendo il martello il più lontano possibile dall'asse di rotazione. Dall'analisi del lancio si osservano:

- la fase di avvio con due preliminari;
- la fase dei giri (3 o 4 in funzione delle capacità fisiche e dell'abilità del lanciatore);
- la fase finale.

Dal punto di vista tecnico deve essere sottolineato quanto segue:

a) i preliminari si realizzano con dorso al la zona di lancio e i due piedi al suolo, servono a creare le condizioni favorevoli entrare nel primo giro e realizzare uno schema ritmico che si ripeterà nel corso dei successivi. L'ampiezza del percorso del martello è favorita dalla torsione del busto; la velocità aumenta grazie al lavoro dinamico delle braccia;

b) i giri: ciascuno di essi comporta una fase su due piedi e una fase su un piede. L'insieme lanciatore-martello compie i suoi giri, facendo perno attorno a un asse che passa per il loro centro di gravità comune e arriva al suolo. La velocità del martello aumenta di giro in giro e raggiunge il suo massimo nel momento finale. La traiettoria del martello nello spazio, durante i giri, ha una parte discendente, per cui il punto basso si trova approssimativamente davanti all'asse della linea delle spalle, quando il lanciatore è su due piedi; una parte ascendente, diametralmente opposta, quando è in appoggio su un piede solo. Questa traiettoria aumenta la sua inclinazione nel corso dei giri;

c) il finale: all'ultimo giro, quando il piede destro entra in contatto col suolo e il martello si trova, nella fase discendente, al suo punto più basso, le gambe e il tronco si raddrizzano rapidamente. Il piede sinistro a terra tiene la parte sinistra del corpo e il martello prosegue la sua accelerazione per mezzo di una rotazione del piede destro, nella direzione di lancio.

Lancio del giavellotto

È una specialità di lancio essenzialmente basata sulla corsa e si differenzia dalle altre specialità proprio per quest'aspetto.

Il gesto, nel suo insieme, è caratterizzato da una rincorsa rettilinea e frontale nella prima parte, che è considerata di avvio, e una seconda parte, laterale, che si sviluppa in maniera speciale e ritmica e prepara il piazzamento finale. Il doppio appoggio, realizzato dal «passo impulso» (forte spinta del penultimo appoggio sinistro) è di collegamento fra la rincorsa e il lancio vero e proprio. Il finale si realizza con una frustata prodotta dall'arco della muscolatura della spalla, del braccio disteso e supinato, che sono in massima tensione. Anche la mano, ultima fra tutti, contribuisce a trasmettere all'attrezzo, per mezzo delle dita, la massima accelerazione. Il giavellotto è un attrezzo «leggero» (500 g), con caratteristiche aerodinamiche particolari; pertanto, prima di essere lanciato dall'atleta, deve essere posto in posizione giusta, come direzione e inclinazione, perché gli si possa imprimere la forza necessaria a ottenere un'elevatissima velocità di uscita.

L'azione finale è determinante per la realizzazione del lancio, ma il «finale» è preparato da una serie di azioni precedenti, utili a creare i presupposti per convogliare tutte le forze in grado di garantire l'esplosività che il gesto esige. La prestazione è legata, inoltre, a fattori di carattere fisiologico (qualità neuromscolari dell'atleta) e di carattere coordinativo-tecnico (per quanto si riferisce alle forti tensioni muscolari, espresse ad altissime velocità). Dal punto di vista tecnico possiamo osservare una rincorsa libera. Nella fase di avvio, dove la rincorsa è ciclica e frontale, il giavellotto va trattenuto vicino al capo, parallelo al terreno, con impugnatura salda (non rigida). Nella seconda parte della rincorsa, o parte ritmica, vengono modificati sia il tipo di corsa (laterale sinistro per un lanciatore destrimano) sia l'appoggio dei piedi al suolo, per «sfilare» il giavellotto e porlo in posizione di lancio, a braccio allungato indietro. Il numero degli appoggi, in questa fase speciale, pur essendo diverso da atleta ad atleta, di solito è compreso tra 5 e 6 o anche più. Per l'atleta che sceglie l'esecuzione ritmica di 5 appoggi, i primi 2 o 3 sono utilizzati per «sfilare» il giavellotto, gli ultimi 3 (sin-dx-sin) costituiscono il cosiddetto «passo-impulso». Con l'intensa spinta sul primo appoggio sinistro è possibile realizzare il doppio appoggio o piazzamento finale e, quindi, il lancio vero e proprio.

Dal punto di vista ritmico-dinamico si può osservare che, dall'inizio della rincorsa al momento finale, ogni parte del lancio presenta una ritmica diversa. Tuttavia, nell'insieme, si evidenzia una crescita progressiva della velocità che raggiunge il valore ottimale nel momento della «spinta» del piede sinistro dopo la fase di doppio appoggio.

PREPARAZIONE DEL LANCIATORE

La preparazione del lanciatore è legata all'organizzazione dell'allenamento e alla scelta delle linee da seguire in relazione all'evoluzione tecnica, neuromuscolare e organica dell'atleta stesso.

Organizzare significa scegliere, quantificare, ordinare, suddividere correttamente i mezzi utili alla preparazione per lo sviluppo ottimale di tutte le qualità del lanciatore, in funzione degli obiettivi da raggiungere.

Nella stesura del piano di lavoro si terranno presenti diversi importanti elementi: la personalità e le motivazioni dell'atleta, il livello delle sue capacità, le caratteristiche biotipologiche individuali, ecc., e successivamente, in base a queste valutazioni si definiranno gli obiettivi, i periodi e le tappe del programma di allenamento (Brunetti, 2011; Chiodo, 2006) .

È bene seguire una linea metodologico-dattica uniforme, che

a) parta da un'accurata preparazione fisica generale, funzionale a una
b) maggior efficacia dell'insegnarne tecnico, su cui si possa fruttuosamente innestare
c) la preparazione speciale.

I principali fattori della forma si sviluppano allenando le capacità fisiche e le capacità, di realizzazione tecnica dei gesti. Perciò, l'allenamento del lanciatore farà riferimento a tutti i grandi settori della preparazione organico-muscolare e coordinativa.

L'avviamento alle specialità dei lanci può iniziare verso i 12 anni, con un lavoro di base che si protrae per 3 anni circa. A questa fase, seguirà un periodo finalizzato alla costruzione fisica e tecnica specialistica, della durata di 4-6 anni. Dopo i 20 anni, il lanciatore sarà pronto per iniziare l'allenamento di alto livello. Il massimo rendimento, in linea di massima, può essere conseguito dai 23-24 anni in poi, fino ai 30 anni circa.

Preparazione organico-muscolare generale

Le esercitazioni mirate allo sviluppo organico e, soprattutto, neuromuscolare del lanciatore, hanno lo scopo di rinforzare tutti i distretti muscolari dell'atleta con un intervento di tipo prevalentemente analitico:

- rafforzamento dei distretti muscolari che sostengono il tronco (addominali, obliqui, lombari, dorsali);
- rafforzamento della muscolatura del bacino (regione pelvica, glutei, ischio-crurali);
- rafforzamento della muscolatura degli arti superiori e inferiori (in particolare, della spalla e dei piedi).

Dal punto di vista metodologico, si distinguono le seguenti varianti:

- a corpo libero e dalle varie stazioni: eretta, decubito, in ginocchio;
- con piccoli sovraccarichi (palle zavorrate di diverso peso, sacchetti di sabbia, bastoni di ferro, cinture zavorrate, piastre, manubri);
- attenzione particolare va dedicata alle caratteristiche di forza del marciatore. Devono essere adeguatamente allenati sia i gruppi muscolari impiegati nella propulsione sia quelli deputati al controllo gestuale. Si definiscono «limitanti» proprio i muscoli più coinvolti nell'azione di marcia, e che per, questo possono precocemente esaurirsi, condizionando negativamente l'atleta.

L'abito costituzionale non è indice attendibile per determinare una predisposizione verso la disciplina, né sembra essenziale per la riuscita ad alto livello prestativo. Si ritiene la costituzione brachitipica meno adatta alla specialità, ma non mancano eccezioni a tale affermazione. Sono, invece, sicuramente inadatti i soggetti con abbondante massa grassa. La predisposizione mentale allo sforzo di lunga durata è essenziale per ottenere prestazioni di rilievo. L'attitudine e perfino il talento verso la specialità risultano determinanti solo in presenza delle caratteristiche psicologiche tipiche dell'atleta resistente. Se ne consiglia la valutazione per compensare eventuali tratti di personalità che ostacolino il progresso atletico.

INTENSITÀ DEL LAVORO NELLA MARCIA ATLETICA

Il problema di come stabilire l'intensità del carico di lavoro riveste grande importanza negli sport ciclici. Variazioni anche lievi della velocità di percorrenza possono modificare l'esito di un allenamento, rendendolo inefficace all'adattamento programmato. Il controllo dell'intensità del carico attraverso il monitoraggio della lattacidemia è la via più attendibile per verificare l'effetto di uno stimolo allenante. Ma è necessario, nella pratica giornaliera, disporre di metodiche di più semplice applicazione; il parametro frequenza cardiaca è di facile rilevazione ed è su questo che si basa il test Conconi per determinare la soglia anaerobica e valutare quindi il metabolismo aerobico del soggetto.

Se questo test non risultasse praticabile o attendibile (per esempio, per variabilità della risposta individuale, specie nei soggetti meno evoluti) è opportuno regolarsi mediante la velocità di gara dell'atleta (ovvero, in periodo preparatorio, su apposito test di gara da effettuare in condizioni ambientali ottimali) (Brunetti, 2011; Chiodo, 2006) . È su quest'ultima indicazione, da ognuno facilmente applicabile, che viene impostata la nostra trattazione.

ALLENAMENTO DEL MARCIATORE

I mezzi di allenamento del praticante la marcia atletica si possono classificare nel modo seguente:

1) esercizi a carattere generale:
- preatletismo generale;
- circuit-training;
- giochi sportivi;
- sci di fondo (tecnica classica);
- corsa: in salita, cross, con cambi di andatura, continua su breve e media distanza;

2) esercizi a carattere speciale:
- esercitazioni per lo sviluppo delle capacità tecniche;
- circuit-training;
- marcia in salita: continua su lunga distanza, in prove ripetute;
- marcia con giubbetto zavorrato: continua su lunga distanza, in prove ripetute;
- marcia in prove ripetute: su breve, media e lunga distanza;
- marcia a velocità costante: su breve, media e lunga distanza;
- marcia con variazioni di velocità: brevi e lunghe;
- marcia in progressione;

3) esercizi di gara e simili:
- test;
- frazioni di gara;
- gare preparatorie;
- gare propriamente dette.

Esercizi a carattere generale

Segue una sintetica descrizione degli esercizi a carattere generale:

Preatletismo generale

Esercizi a corpo libero, con piccoli e gran attrezzi per l'incremento e il perfezionarne to delle capacità organico-muscolari e coordinative. In particolare si raccomandano:
- esercizi e andature di «impulso» (salti, skip, calciata, balzi, ecc.);
- esercizi di allungamento (stretching);
- esercizi di mobilità e potenziamento piede e dell'articolazione della caviglia eseguire a piedi nudi);
- esercizi di mobilità articolare e coordinazione neuromuscolare fra ostacoli;
- esercizi con palla zavorrata;
- esercizi al quadro svedese.

Circuir-training

Esercizi a corpo libero, con piccoli e gran attrezzi, per l'incremento delle capacità organico-muscolari del marciatore. Lo spostamento fra stazioni si effettua camminando, correndo. Si utilizzano i metodi:

- estensivo a intervalli e della durata: naturale per età 12-16 anni e per principianti;
- estensivo a intervalli, intensivo a intervalli della durata: a carico naturale e con sovraccarico per atleti di oltre 17 anni.

Giochi sportivi e sci di fondo

Tra i giochi sportivi si propongono palla canestro e pallamano per l'elevato impegno cardiocircolatorio che la loro pratica chiede. Lo sci di fondo con tecnica classica ovviamente, in presenza delle condizioni ambientali; la similitudine gestuale ne fa un ottimo esercizio di preparazione generale per il marciatore.

L'inserimento della corsa nella programmazione del marciatore riveste particolare portanza nelle categorie giovanili. Se ne consiglia l'uso nel corso dell'intero ciclo annuale, specialmente ove occorra migliorare l'efficienza dei meccanismi metabolici in presenza di una tecnica di marcia ora carente.

L'atleta evoluto inserirà la corsa settimanalmente nel periodo preparatorio, privilegiando un'esecuzione dinamica del gesto, evitando lunghe distanze e ritmi blandi. In prossimità di impegni agonistici rilevanti, la corsa verrà usata solo come esercizio di riscaldamento e defaticamento. La tabella 19.20 è indicativa e va individualizzata in base alle diverse esigenze dell'atleta. Un riscaldamento adeguato precede l'esecuzione.

Esercizi a carattere speciale

Anche degli esercizi a carattere speciale viene fornita, qui di seguito, una sintetica spiegazione.

Esercitazioni per lo sviluppo delle capacità tecniche

Il ruolo della tecnica è fondamentale nella preparazione del marciatore. Un incremento delle capacità organico-muscolari è inutile e addirittura controproducente se l'atleta, di pari passo, non affina le proprie capacità tecniche specifiche. L'elevata prestazione può realizzarsi solo grazie a una crescita tecnica che egli persegue nel corso dell'intera carriera sportiva.

Nelle discipline di resistenza, si distingue tra allenamento di acquisizione della tecnica e allenamento per la sua applicazione.

In base a tale metodologia si propone:

1) allenamento per l'apprendimento tecnico:

- obiettivi: apprendere il movimento, aumentare le capacità di controllo e correzione, consolidare l'abilità esecutiva;
- viene svolto: (a) concedendo all'atleta il recupero necessario a mantenere alto il livello di concentrazione; (b) in condizioni ambientali abituali, considerando secondario l'aspetto relativo allo sviluppo delle capacità condizionali; (c) con atleti di ogni età e livello nel corso della intera programmazione annuale;
- è preceduto da: riscaldamento 20-50 minuti (secondo condizioni ambientali e caratteristiche individuali) con marcia a velocità media, stretching, andature specifiche scelte dall'atleta stesso;
- fase centrale: da 20 a 40 minuti di durata, secondo il grado di evoluzione dell'atleta:

• andature di marcia con rapidi cambi di direzione;
• marcia su tratti di 60-100 m con posizione o movimenti diversificati degli arti superiori;
• marcia su tratti di 60-400 m con variazioni di velocità e/o variazioni nel rapporto ampiezza/frequenza del passo;
• marcia su tratti di 60-200 m con sensibilizzazione alle varie fasi del movimento e in particolare all'azione del cingolo pelvico e dei piedi;
• andature su tratti di 30-100 m con esercizi riproducenti aspetti particolari del gesto (rullata, oscillazione radente, contatto ad arto disteso, ecc.);

- fase finale: da 10 a 30 minuti di marcia, a velocità medio-alta con controllo tecnico;

2) allenamento per l'affinamento tecnico:

- obiettivi: economicità del gesto anche in condizioni di variabilità ambientale o tatti-ca; mantenimento di un'adeguata coordinazione motoria anche in stato di affaticamento (esempio: finali di gara);
- viene svolto: (a) in stato di affaticamento prodotto dall'allenamento; (b) in situazioni ambientali diverse, anche sfavorevoli; (c) soprattutto nel periodo preparatorio; (d) da atleti evoluti o, comunque, dotati di una discreta padronanza gestuale, tenendo presente l'aspetto di sviluppo delle capacità organico-muscolari;
- è preceduto da (in alternativa):

• marcia a velocità lenta/media, su distanze pari a circa il 60% dei chilometri previsti per il fondo;
• esercizi di preatletismo generale per l'allenamento della forza veloce o resistente;
• lavoro in circuito a carattere generale o speciale;
• marcia a velocità medio-alta su distanze brevi;

- fase centrale:

- prove ripetute di marcia in salita 60-200 m, pendenza 5-8%, recupero di passo;
- marcia in discesa, pendenza 2-3%; tratti di 100-400 m;
- marcia con giubbetto zavorrato, distanza l00-400 m;
- marcia su tratti di 100-200 m con posizione o movimenti diversificati degli arti superiori;
- marcia su tratti di 100-400 m con sensibilizzazione alle varie fasi del movimento nel suo insieme;

- fase finale:

- marcia a velocità media, su distanze brevi, con controllo tecnico;
- corsa su terreno morbido;
- esercizi di defaticamento e rilassamento generale.

Circuit-training

Si considera a carattere speciale il circuito composto da:
- esercizi a corpo libero o con piccoli attrezzi interessanti la muscolatura specifica del marciatore;
- esercizi e andature a carattere tecnico.

Lo spostamento fra le stazioni avviene di marcia, su distanze di 50-200 m percorsi ad andatura inizialmente lenta e successiva-mente media. Si utilizza durante tutto l'anno con giovani e principianti, nel periodo preparatorio e, comunque, non in prossimità di impegni agonistici, con atleti evoluti. Esempi di circuito di allenamento sono i seguenti:

- 4 x 1000 m con un esercizio ogni 100 m della durata di 30-40 secondi circa; dopo ogni prova, recupero 5 minuti (per 17enni); —
- 4 x 2000 m con un esercizio ogni 2(della durata di 40-50 secondi circa; dopo ogni prova, recupero 4-5 minuti (per r te di. 19 anni).

L'obiettivo è l'incremento di forza resistente in determinati settori muscolari, sollecitando nel contempo il sistema cardiocircolatorio a un impegno continuo. Si pone quindi, il problema di uniformare il lavoro determinando la frequenza di movimenti con cui effettuare gli esercizi che compongono il circuito. In via preventiva, si sottoporrà l'atleta, per ogni esercizio, a un test massima frequenza ottenibile nel tempo previsto (da 30 a 50 secondi in base a età evoluzione atletica) con un'esecuzione retta.

Con questi dati:
- se il circuito è finalizzato allo sviluppo della resistenza aerobica avremo: (a) marcia a bassa velocità; (b) esercizi con frequenza del 50-60% rispetto alla massima raggiungibile; (c) maggior volume complessivo delle prove;

- se il circuito è orientato a incidere sul potenza aerobica del soggetto avremo: (a marcia a velocità media; (b) esercizio con frequenza del 70-80% rispetto alla massima raggiungibile; (c) minor volume complessivo delle prove.

Marcia in salita

Si tratta di un mezzo di allenamento di fondamentale importanza che si effettua al fine di sviluppare la forza resistente d gruppi muscolari più coinvolti nel gesto. Si interviene, inoltre, sulla capacità e sulla potenza del meccanismo aerobico (marcia continua e prove ripetute su medie o lunghe distanze) e sulle caratteristiche lattacide (prove ripetute su medie o brevi distanze).

È bene tenere presente che:

- velocità di percorrenza non vanno rapportate alle corrispondenti distanze. Scelto il percorso si effettueranno delle prove (sensazioni dell'atleta, eventuali problemi tecnici, riscontro cronometrico) che consentiranno di approntare un programma di lavoro adeguato;
- la pendenza varia dal 5 all'8% ed è inversamente proporzionale alla lunghezza delle prove. Durante l'esecuzione, l'atleta deve mantenere uno stile corretto, senza perdere le caratteristiche dinamiche del gesto; se ciò non dovesse verificarsi vuol dire che egli non è pronto a svolgere tale lavoro, oppure che è necessario modificare distanza e/o pendenza del percorso;
- il recupero verrà effettuato di passo (2-6 minuti) nelle prove brevi e medie, mentre sarà necessario disporre di un mezzo di trasporto per quelle lunghe (4-8 minuti). Ponendo l'accento sulle qualità muscolari, l'aspetto «recupero» è meno pressante rispetto al lavoro in piano;
- tenendo conto della diversità dell'impegno meccanico, le salite sono seguite da una «trasformazione» in piano, consistente in marcia a velocità media (10-20 minuti) o da esercizi tecnici specifici; sedute di allenamento di questo tipo non vengono svolte in prossimità del periodo agonistico.

Marcia con giubbetto zavorrato

È un mezzo di allenamento che si prefigge stessi obiettivi della marcia in salita. Rispetto a quest'ultima è di più facile controllo, potendosi effettuare in pista, ma in entrambi i casi il tecnico deve valutare continuamente che le variazioni stilistiche causate dalla pendenza o dal sovraccarico siano poi utilmente sintetizzabili nell'espressione di gara. Si consiglia di non utilizzare tale metodica prima dei 18 anni g. 19.24); il carico può arrivare gradatamente al 6-8% del peso corporeo negli uomini, al 4-6% nelle donne. distanze e i tempi di recupero sono assimilabili a quelli indicati per la marcia in salita. Al termine, vanno sempre proposte manovre di scarico della colonna vertebrale.

Non è consigliabile marciare con sovraccarichi diversi dal giubbetto zavorrato, in quanto:
- le cinture influenzano negativamente l'azione in quanto posizionate sulla zona corporea che ne è il cardine,
- le cavigliere agiscono su segmenti distali del corpo, rendendone difficoltoso il controllo e condizionando sia l'efficacia sia la correttezza del movimento.

Marcia in prove ripetute

È importante tenere presente che:
- la sequenza di sviluppo del piano di lavoro prevede innanzitutto la crescita del volume, per poi tendere alla riduzione della pausa di recupero e all'incremento dell'intensità;
- è necessario individualizzare il carico in base all'esperienza di chi lo propone e alle caratteristiche di chi lo effettua. Nel variarne i parametri, occorre tenere in considerazione non solo l'aspetto di sviluppo delle capacità organico-muscolari ma anche quello tecnico;
- le prove sono precedute da un riscaldamento comprendente marcia ed esercizi di allungamento muscolare.

Prove ripetute brevi

Obiettivi principali:
- migliorare l'efficienza del sistema cardiocircolatorio;
- abituare l'organismo a sopportare la presenza di lattato;
- marciare correttamente ad alte velocità.

Particolarità:
- non si usa frequentemente: nei giovani per l'elevato impegno che richiede, negli atleti evoluti in quanto scarsamente correlato con la gara.

PROVE RIPETUTE SU DISTANZE MEDIE E LUNGHE

Obiettivi principali:
- allenare la capacità di marciare a ritmi elevati, incrementando la potenza del meccanismo aerobico ed elevando la soglia anaerobica;
- abituare l'organismo a smaltire la produzione di lattato;
- impostare una corretta distribuzione dello sforzo;
- controllare la tecnica a velocità simili a quelle di gara.

Particolarità:
- è un tipo di lavoro che va «insegnato» giovane, che per inesperienza tende facilmente a eseguirlo con modalità diverse c quelle consigliate.

Marcia a velocità costante

Costituisce, nelle sue diverse espressioni, i principale mezzo di allenamento del marciatore. In un ciclo di lavoro annuale; l'atleta percorre il 70-80% del volume chilometrico totale tramite marcia a velocità; costante su distanze medie e lunghe. Al di là delle finalità fisiologiche, tali prove formano quell'habitus mentale, tipico del l'atleta resistente, che funge da base per ogni richiesta prestativa.

MARCIA SU DISTANZE MEDIE

- Si lavora su velocità di raccordo tra capacità e potenza aerobica;
- si ottiene l'innalzamento della soglia aerobica;
- c'è una bassa produzione di lattato a carico dei muscoli «limitanti la prestazione»;
- il regime pulsatorio è su valori di 150-160 battito per minuto;
- è opportuno effettuare un breve riscaldamento prima del lavoro;
- sviluppo del carico: primo obiettivo è la ricerca della velocità, che va rapportata a quella tenuta sulla lunga distanza. Su questa base, si arriverà progressivamente a percorrere i chilometri previsti.

MARCIA SU DISTANZE BREVI

- Obiettivo è l'incremento della potenza aerobica e l'innalzamento della soglia anaerobica;
- aumenta la produzione di lattato nell'unità di tempo, ma non c'è accumulo con il perdurare dello sforzo;
- il battito cardiaco supera il valore di 160 per minuto;
- è necessario un buon riscaldamento prima dell'esecuzione;
- sviluppo del carico: si raggiunge la quantità desiderata partendo da prove frazionate raccordate da recupero di marcia a velocità bassa. C'è sempre un riferimento diretto alle velocità della lunga e media distanza.

Marcia con variazioni di velocità

È un lavoro che consente molteplici possibilità di intervento sulle capacità organico-muscolari dell'atleta: incremento della potenza aerobica e miglioramento delle capacità di recupero ne sono gli scopi principali.

L'esecuzione prevede tratti di marcia a blanda velocità (il riferimento è l'andatura tenuta nella lunga distanza), alternati a tratti più intensi; la velocità di questi ultimi sarà leggermente inferiore o corrispondente a quella di gara nelle prove più lunghe, superiore in quelle brevi.

Si consiglia di individualizzare attentamente l'impegno, controllandone il corretto svolgimento cronometrico e tecnico.

Sviluppo del carico: si inizia con pochi, brevi cambi di velocità e recupero ampio.

Successivamente si incrementa il numero delle variazioni, per allungarne poi la distanza ed elevare la velocità. In ultima fase, si agisce sul recupero, abbreviandolo aumentandone l'andatura poi.

L'allenamento è preceduto da adeguato riscaldamento.

Marcia in progressione di velocità

È in mezzo di allenamento molto utilizzato nella pratica. Consiste nell'iniziare a marcia velocità di lavoro bassa, per poi gradualmente incrementare, concludendo con un'andamento può arrivare a quella di gara. Vengono interessate capacità e potenza del meccanismo aerobico costante; distanze e intensità di lavoro sono assimilabili a quelle indicate per la marcia a velocità costante. È un mezzo particolarmente ada atleti/e del settore giovanile, che trova applicazione nell'intero ciclo annuale di preparazione.

Esercizi di gara e simili

Nel corso della preparazione è frequente bisogno di verificare se la strategia di allenamento procede secondo quanto preventivo se necessita di aggiustamenti. A tale si utilizzano gli esercizi di gara o si effettuano dei test, tra cui indichiamo quello così detto a carichi crescenti, per la determinazione della lattacidemia.

Gli esercizi di gara sono i seguenti:

- frazioni di gara: usate prevalentemente nel periodo preparatorio; si effettuano distanza pari al 70-75% della gara. Consistono in una prova unica, a velocità molto elevata, preceduta da riscaldamento simile a quello precompetizione;
- gare preparatorie: sono competizioni comprese tra quelle che rappresenta l'obiettivo fondamentale della preparazione, utilizzate per raggiungere la migliore condizione. All'atleta viene richiesto massimo impegno, pur considerando il coinvolgimento emotivo che le competizioni prevedono.

Le gare propriamente dette sono quelle principali della programmazione; in esse l'atleta dovrebbe esprimere completamente il proprio potenziale atletico.

ORGANIZZAZIONE CICLICA DELL'ALLENAMENTO

Viene qui proposta una struttura dell'allenamento con un unico periodo agonistico, e una o più fasi di «rigenerazione» durante le competizioni (periodizzazione semplice). L'esperienza mostra, infatti, come le discipline di lunga durata richiedano un adeguato periodo di preparazione (5-6 mesi) affinché gli adattamenti organici si stabilizzino e consentano di conservare la capacità specifica di prestazione per i successivi 4-5 mesi del periodo competitivo. Pur con notevoli differenze nei contenuti e nella modulazione dei carichi, si ritiene valida tale impostazione a partire dai 15-16 anni di età.

Precedentemente a questa età, è necessario adattare l'allenamento alle caratteristiche evolutive del giovane, all'interno di una programmazione che persegua obiettivi a medio e lungo termine, con la predominanza di mezzi a carattere generale e un equilibrato incremento delle funzioni fisiologiche basato sul principio della multilateralità: quindi, cicli bimestrali o trimestrali che consentano di variare frequentemente i contenuti della proposta di allenamento.

L'atleta di vertice, invece, sulla base dell'evoluzione stessa della metodologia di allenamento, potrà adottare la periodizzazione doppia, cioè con due grandi cicli di lavoro, in cui meglio distribuire l'intensificazione del carico derivante dall'ulteriore incremento dei mezzi speciali rispetto a quelli generali, senza che si verifichi, peraltro, una diminuzione del volume complessivo di carico.

Si consiglia di adottare alcuni principi fondamentali:

- l'aumento del carico di lavoro nel perì preparatorio deve essere graduale (crescita media mensile 7-14%);
- in presenza di un insufficiente della resistenza aerobica, l'incremento eccessivo del volume dei mezzi di allenamento di tipo anaerobico porta ad usare il livello della prestazione;
- l'allenamento alla resistenza rende evidenti i vantaggi di un concomitante allenamento della forza, senza peggiorare gli effetti di quello sulla resistenza aerobica;
- i carichi di grande volume, ma di bassa intensità, rischiano di danneggiare la tura specifica del gesto tecnico; vanno pertanto, accompagnati a opportune esercitazioni tecniche a velocità elevate;
- nel periodo competitivo non deve verificarsi una brusca caduta del volume dei rischi di lavoro;
- la capacità di stabilire pause ottimali di recupero e compensazione fra singole sedute, microcicli e mesocicli, è una componente fondamentale della metodologia di allenamento. Essenziale, a tal fine, è la profonda conoscenza delle caratteristiche dell'atleta.

Occorre tenere presenti i seguenti principi:

- è bene che, in età inferiore ai 15 anni, l'attenzione non si focalizzi eccessivamente su parametri specifici del carico. Lo svolgimento di un programma di lavoro non deve essere impostato su criteri di rigidità;
- i valori dei parametri risultano essere sempre inferiori per le categorie femminili. Ciò è dovuto alle distanze inferiori di gara, in cui la donna è impegnata, e non a considerazioni di carattere fisiologico;
- un notevole incremento dei chilometri percorsi di marcia a velocità costante,

su lunga e media distanza, rappresenta l'attuale tendenza metodologica del periodo preparatorio, per il conseguimento di risultati di eccellenza. Si parla, è bene sottolinearlo, di atleti di alta qualificazione che hanno già raggiunto elevati standard qualitativi e quantitativi di allenamento.

CICLISMO

PREPARAZIONE GENERALE E SPECIALE E RELATIVE METODICHE DI ALLENAMENTO

La preparazione generale assume un importante ruolo particolarmente nelle categorie giovanili, costituendo la base di carattere sia organico-muscolare sia coordinativo sulla quale iniziare e quindi sviluppare l'attività specifica in bicicletta. Anche l'atleta evoluto è costretto a svolgere una parte della preparazione iniziale sotto forma di esercizi a carattere generale: questo, per le carenze di impianti al coperto, ma soprattutto per le condizioni climatiche che, durante la stagione invernale, non sempre permettono un'attività speciale sufficiente sul piano sia quantitativo sia qualitativo.

Gli esercizi a carattere generale più frequentemente utilizzati sono quelli di resistenza, come lo sci di fondo e la corsa. La scelta dipende, anche, dalla stagione nella quale queste esercitazioni vengono svolte. Sono consigliate e utilizzate anche altre forme di esercitazioni come il pattinaggio, il canottaggio e il nuoto, anche quello pinnato.

In palestra, durante la stagione invernale, è opportuno curare i vari aspetti della forza, con esercitazioni a carattere generale sia a corpo libero (specialmente con i giovani) sia con sovraccarico o a mezzo di macchine, per gli atleti evoluti.

Le esercitazioni di allungamento, sia statico (stretching) sia dinamico, debbono essere effettuate particolarmente nel periodo invernale con tutte le categorie di atleti, per continuare con un'attività di mantenimento durante tutto l'anno, in particolar modo con gli specialisti delle gare più brevi.

Con i giovani, le capacità coordinative di equilibrio, orientamento spazio-temporale, differenziazione cinestesica, ritmo, reazione motoria e combinazione possono essere sviluppate sia in bicicletta (con gimkane, percorsi, esercizi e giochi) sia in palestra, con esercitazioni comuni a molti altri sport.

La preparazione di tipo speciale prevede una gamma molto ampia di esercitazioni, in modo da sviluppare tutte le componenti organico-muscolari utilizzando la bicicletta. In tutti i casi, è importante prendere in considerazione due parametri fondamentali del carico di allenamento: il «volume» e l'«intensità». Il primo può essere misurato in chilometri effettuati, meglio ancora se viene quantificato in base alla durata dell'allenamento.

Per quanto riguarda l'intensità, è indispensabile distinguere il carico organico da quello muscolare. Il primo può essere valutato controllando la frequenza cardiaca, data la relativa linearità del rapporto tra questa e la velocità, per lo meno nell'ambito aerobico. Nel caso di sedute di allenamento prevalentemente anaerobico è più utile usare, come indice di intensità, un rapporto percentuale rispetto alla velocità massima dell'atleta sulla distanza. Il secondo, ovvero il carico muscolare, è determinato dallo sviluppo del rapporto che dipende dalle capacità di forza dell'atleta. Il ciclismo, da questo punto di vista, è uno sport particolare, perché permette di effettuare lo stesso impegno organico con un'ampia gamma di impegni muscolari, utilizzando rapporti e, perciò, frequenze di movimenti (RPM) molto diversi.

Nella tabella 22.3 sono raccolte varie esercitazioni speciali esemplificative per lo sviluppo di ogni capacità motoria. Oltre alle colonne relative al volume, all'intensità e ai rapporti utilizzabili, sono evidenziati i metodi di allenamento, la durata di ogni singola fase di lavoro e i tempi di recupero nei metodi frazionati.

Le esercitazioni speciali per la capacità aerobica (resistenza di lunga durata) possono essere distinte in due fasce di intensità: nella prima si utilizza una frequenza cardiaca tra 120-140, nella seconda tra 140-160 pulsazioni per minuto. Nei due casi, si usano rapporti e volumi di allenamento diversi. Utilizzando il metodo di allenamento di tipo continuo, si possono effettuare queste esercitazioni in molti modi. Per esempio, percorrendo dei lunghi tratti a velocità costante o crescente, oppure alternando tratti a diversi livelli di intensità. Quest'ultimo tipo è quello più frequentemente utilizzato nel ciclismo murante gli allenamenti di lunga durata in gruppo. In questo caso, chi è in testa, esposto all'aria, fa uno sforzo tra le 140 e le 160 pulsazioni al minuto, mentre quelli che seguono a ruota evidenziano 20 o 30 pulsazioni in meno.

L'allenamento a frequenze cardiache più elevate prevede sia il metodo continuo sia quello frazionato a intensità corrispondenti alla frequenza cardiaca attorno alla soglia anaerobica. Gli scopi dell'allenamento, perciò, consistono nel miglioramento della potenza aerobica e della capacità lattacida, a seconda delle intensità utilizzate. Nell'ultimo caso sarà più opportuno usare il metodo frazionato con prove ripetute di 3-15 minuti e recuperi tra 3 e 10 minuti.

Il lavoro frazionato per il miglioramento della resistenza lattacida viene compiuto con prove ripetute tra 30 e 60 secondi, nel caso della potenza, e fino a 5 minuti, per la capacità lattacida. Le durate dei recuperi, in questi casi, sono decisamente più lunghe. Le sedute di allenamento per la resistenza alla rapidità sono effettuate sia su strada sia in pista, eliminando la fase di accelerazione, partendo lanciati dal conduttore della moto o dietro moto o, comunque, da velocità medio-alte. Invece, le esercitazioni specifiche per la forza rapida e quella massima prevedono accelerazioni da bassa velocità oppure dalla partenza da fermi. Bisogna tener presente che, rispetto agli altri sport, la fase di accelerazione è molto più lunga, data l'elevata velocità da raggiungere, e che nelle prime pedalate sono richieste capacità notevoli di forza massima.

La forza resistente è una qualità molto importante nel ciclismo e può essere allenata effettuando serie di ripetizioni in salita, con un impegno lattacido di durata tra 45 secondi e 5 minuti, con rapporti più duri di quelli usuali, in modo da consentire una frequenza di pedalate limitata. L'allenamento in salita per la forza resistente può essere effettuato anche con il metodo continuo, su salite lunghe, a impegno aerobico o fino al limite della soglia anaerobica, utilizzando rapporti che consentano frequenze di pedalata simili a quelle usate in gara.

ORGANIZZAZIONE CICLICA DELL'ALLENAMENTO

Come è stato già osservato all'inizio di questo capitolo, l'attività su strada è il punto di riferimento importante per tutti gli atleti. Ne consegue che la pianificazione di qualsiasi specialista prevede una programmazione che privilegi, per gran parte della stagione, le gare su strada. Tale attività, data l'ampia variabilità di capacità organico-muscolari richieste e situazioni tecnico-tattiche previste, permette, altresì, ai vari specialisti di emergere nelle fasi di gara per le quali sono più dotati e consente, contemporaneamente, di svolgere in gara allenamenti utili per le altre specialità.

La pianificazione della stagione agonistica può prevedere uno o più picchi di forma; come in altre specialità di resistenza è però difficile prevedere più di due picchi.

A differenza degli altri sport individuali, un obiettivo della pianificazione di uno specialista delle gare a tappe può essere quello di ricercare un periodo abbastanza lungo, e soprattutto molto stabile. di condizione medio-alta, onde portare a termine, nel migliore dei modi, una o più corse a tappe, quand'anche precedute o seguite da gare in linea. Bisogna tener presente, infatti, che il poter competere a buon livello, per un lungo periodo di tempo e con una notevole stabilità dei risultati, è un fattore importante nel successo finale di una gara a tappe.

È interessante notare che il periodo speciale viene suddiviso in due fasi, la prima di condizionamento (8 settimane) e l'altra, a carico differenziato, nella quale si ricerca la forma attraverso carichi di lavoro che, interessino, in modo multilaterale, tutti gli aspetti utili nel ciclismo su strada. Lo stradista può prevedere, nella seconda parte della stagione, un altro ciclo a carico differenziato.

Solitamente, dopo un ciclo semestrale di questo tipo, gli specialisti della pista e delle gare a cronometro effettuano un macrociclo più breve che prevede un periodo speciale e uno agonistico per la specialità praticata. In questi casi, le esercitazioni speciali e di gara, avendo come obiettivo il miglioramento di qualità ben definite dai modelli funzionali di ogni specialità, assumono contenuti caratteristici e più standardizzati. (Massagrande, 1980)

Nel ciclismo, tanto su strada che su pista, è possibile l'utilizzazione di blocchi di lavoro concentrati, con effetto ritardato a lungo termine (secondo Verchosanskij, 1985) che riguardino sia la forza sia la resistenza aerobica (allenamento in quota). L'effetto ritardato a lungo termine permette di effettuare, durante la lunga fase di supercompensazione, il lavoro più specifico, tecnicamente più corrispondente alla gara. Ciò consente di arrivare, al momento delle gare importanti, nelle migliori condizioni per quanto riguarda forza, resistenza e prestazione specifica.

Oltre ai vari tipi di allenamento eseguiti nella stagione, prima per l'attività su strada e poi per quella su pista, è evidenziabile un blocco di allenamento concentrato per la forza resistente, con una notevole mole di lavoro in salita, di tipo continuo e con serie di ripetizioni. Questo blocco di lavoro in salita ha un effetto ritardato, che garantisce buone prestazioni di forza nelle gare su strada non prima di 3 o 4 settimane. Nel secondo periodo di allenamento speciale (da giugno in poi), si può notare una utilizzazione sempre più frequente del lavoro di potenza e capacità latticida, utile sopratutto per sviluppare le qualità specifiche dell'inseguitore.

ATTIVITÀ SCHERMISTICA E DI COMBATTIMENTO (principi della pianificazione)

Il passaggio della scherma da arte a disciplina sportiva ha imposto la necessità di misurare l'andamento dell'allenamento e dei risultati ottenuti, sia per la necessità di programmare i risultati agonistici sia per il controllo dello sviluppo delle capacità motorie interessate, attraverso la somministrazione di test generali e speciali.

È divenuto quindi necessario pianificare l'attività con scadenze annuali e poliennali, tenendo conto dei principi fondamentali di un allenamento razionale, malgrado un calendario delle gare talmente fitto di impegni da far dubitare che un atleta di vertice riesca a presentarsi a tutti gli appuntamenti nelle migliori condizioni.

Bisogna tuttavia ricordare come le capacità tecniche e coordinative siano quelle che scadono di meno, anche dopo periodi cospicui di riduzione della quantità dell'allenamento.

Maestri e preparatori sono comunque costretti, molto spesso, a «suonare a orecchio» o a concordare con gli atleti la scelta di alcune gare cui giungere al meglio della forma, tralasciandone altre di minore importanza.

Se è vero che per tutte le attività sportive la gara rappresenta il fine dell'allenamento, per gli sport di combattimento, in particolare, il confronto con gli avversari è determinante per lo sviluppo e il miglioramento delle capacità degli atleti. Specie a livello giovanile è necessario, quindi, prevedere la partecipazione degli schermidori a numerosi appuntamenti agonistici, che debbono però essere considerati non tanto obiettivi, quanto mezzi di allenamento in vista dei futuri risultati, cercando di affrontare e risolvere nella maniera più produttiva le inevitabili tensioni.

SCI ALPINO

Preparazione a secco - atletica generale

È importante che le metodiche di allenamento si prefiggano un fine ben definito: sfruttare le qualità biologiche dell'atleta, cercando di esaltare quelle necessarie per la disciplina praticata. È da sfatare, infatti, il principio che, per un'adeguata preparazione generale, si debbano applicare tutte le metodiche conosciute e lavorare soprattutto quantitativamente. Non bisogna usare mezzi di allenamento completamente differenti, spesso in contrasto, che migliorano, da un lato, qualità non condizionanti la prestazione e diminuiscono, dall'altro, la possibilità di espressione di quelle indispensabili per lo sport praticato. L'allenamento deve essere sempre mirato e infatti è stato dimostrato che il muscolo scheletrico è un tessuto specializzato che modifica la sua capacità funzionale in risposta all'esercizio cronico, soprattutto nelle sue componenti neurogeniche e miogeniche con l'allenamento della potenza esplosiva.

Dalla descrizione delle discipline, si capisce che un elevato consumo di ossigeno (potenza aerobica) non condiziona la prestazione. Sono, invece, altre qualità (capacità alattacida, forza esplosiva, forza dinamica massima, forza isometrica, capacità di reiterare la forza veloce, potenza lattacida, velocità di reazione, elevate qualità propriocettive, ecc.) che possono sorreggere lo sciatore durante la gara e sopperire, a volte, a deficienze tecnico-tattiche. Premesso questo, una preparazione generale, per atleti evoluti, deve sviluppare le qualità organico-muscolari applicando il concetto della multilateralità, ma senza soffermarsi troppo su quelle non indispensabili.

Nei primi giorni del ciclo di allenamento, la preparazione generale deve essere rivolta allo sviluppo delle qualità organiche (capacità cardiocircolatoria e respiratoria) e di quelle muscolari, anche attraverso l'uso della corsa a velocità moderata e con una razionale applicazione del preatletismo generale, rispettando il principio base della gradualità e progressività del lavoro.

È opportuno che la corsa a velocità moderata si svolga su percorsi di 3-4 km con un'andatura che porti a correre a 5-10 battiti cardiaci per minuto sotto la soglia anaerobica. Il percorso deve essere il più vario possibile: pianeggiante, con saliscendi, con ostacoli, ecc., ma sempre tale da migliorare la resistenza generale, creando le basi per la resistenza speciale.

Dopo il primo periodo, la corsa di bassa intensità può essere ridotta alla sola fase del riscaldamento e durante il defaticamento di fine seduta. È della massima importanza per lo sciatore alpino, invece, l'uso continuo del preatletismo generale, per sviluppare le qualità muscolari. Gli esercizi di preatletismo devono essere eseguiti secondo il principio «dal più facile al più difficile»; all'inizio, a carico naturale, poi, integrando con piccole cinture, cavigliere o attrezzi vari. Il potenziamento con questa metodologia non ha esclusivamente finalità muscolari, in quanto tocca qualità organiche di abilità e di coordinazione.

Durante il primo periodo, non bisogna tralasciare sedute apposite rivolte alla velocità e alla rapidità dei gesti atletici: sprint di 10-20-30 metri, corse brevi con ostacoli di diversa altezza e con diverse velocità e tutti i tipi di andature. Queste ultime possono essere fatte non solo con le gambe, ma coordinando il movimento con le braccia; è opportuno, inoltre, variare la velocità dei gesti e i ritmi di esecuzione. Durante la preparazione generale, si raccomandano i giochi sportivi e gli esercizi elementari di ginnastica acrobatica, per lo sviluppo della destrezza.

Lo stretching, cioè le esercitazioni di distensibilità muscolare, deve essere utilizzato con continuità. È consigliabile l'uso di esercizi di stretching passivo della durata di circa 30 secondi ciascuno piuttosto di quelli dinamici, più rischiosi; è razionale anche l'uso moderato e mirato di esercitazioni di stretching con il metodo chiamato FPN (facilitazione propriocettiva neuromuscolare), con il quale si raggiunge l'allungamento ottimale del muscolo in seguito a esercizio di opposizione di 6 secondi, rilassamento di 2 secondi e allungamento di 10 secondi. È, inoltre, necessario applicare tali esercitazioni di articolabilità più volte al giorno e sempre prima e dopo l'allenamento di forza.

Preparazione atletica specifica

La preparazione atletica specifica o speciale prevede un insieme di esercitazioni che sviluppano le qualità necessarie alla preparazione sciistica.

L'allenamento speciale deve essere svolto in parallelo sia a secco sia sugli sci, per rendere meglio utilizzabili nel gesto di gara tutti gli adattamenti precedentemente indotti.

Dato che le caratteristiche principali dello sciatore alpino sono la potenza alattacida, la forza cosiddetta esplosiva, la resistenza alla forza veloce, la rapidità di reazione, la potenza lattacida e la destrezza, un piano di allenamento razionalmente concepito deve essere rivolto all'esaltazione di queste caratteristiche principali, naturalmente in percentuale diversa a seconda della specialità praticata.

La preparazione speciale «a secco» deve essere soprattutto in grado di adattare l'organismo a recepire sempre di più i mezzi di allenamento utilizzati nell'allenamento sugli sci. Questo è un concetto molto importante per poter migliorare con continuità le qualità specifiche dello sciatore durante tutto il periodo di preparazione. Se ci si allontanasse da questo principio, si correrebbe il rischio di utilizzare metodiche contrastanti che, certamente, andrebbero a scapito del rendimento.

La prima qualità è la potenza alattacida. Questa è definibile come la capacità di mobilitarsi per il massimo sforzo; per esempio, come quando è necessario reagire a una situazione improvvisa e il più rapidamente possibile. Sugli sci, è la qualità che permette di partire velocemente, reagire in ogni momento, cambiare ritmo in seguito a cambi di pendenza o a figure aritmiche del tracciato. È necessaria maggiormente su percorsi ripidi-ghiacciati. L'allenamento a secco della potenza alattacida deve tener conto della percentuale di potenza da esprimere e della durata della sua esplicazione. È necessario fare sforzi massimali, di durata inferiore ai 3-4 secondi (10-20-30 metri di corsa piana, oppure 10-20 metri in salita a pendenza variabile), oppure sforzi al 95% del massimale con tempi inferiori ai 6 secondi. Questo tipo di allenamento non interferisce che marginalmente sui processi metabolici lattacidi e aerobici.

Il numero delle ripetizioni può essere compreso tra 10 e 30, in serie di 5, per le distanze brevi (1,5 minuti di recupero tra le ripetizioni, 4 minuti fra le serie); tra 5 e 15 ripetizioni, in serie di 5, per tempi di lavoro inferiori ai 6 secondi (1,5 minuti di recupero tra le ripetizioni, 4 minuti fra le serie).

Si consiglia di svolgere l'allenàmento della potenza alattacida tre volte la settimana nei primi tre mesi (giugno-agosto) di preparazione, poi due volte solamente, dato l'intensificarsi della preparazione sulla neve.

L'allenamento della potenza e della capacità lattacida è consigliabile da una a due volte la settimana per il periodo giugno-settembre; si effettuano corse di 60-80-100-150 metri piani o in leggera salita quasi al massimo dell'impegno. Il numero delle ripetizioni può essere di circa 10 volte per le corse veloci fino agli 80 metri e di circa 5 volte per quelle superiori ai 100 metri. Occorre tener conto che il recupero fra le ripetizioni deve essere elevato, tale cioè da evitare un progressivo accumulo di lattati che impedirebbe di continuare a svolgere l'allenamento ad adeguata intensità. Per le corse di 60-80 metri, il recupero può essere rispettivamente di 4-6 minuti; per i 100 metri di 8-10 minuti; per i 150 metri di 12-15 minuti. Questo perché il lattato prodotto in una corsa di 100 metri al 100% dell'impegno è di circa 12-13 mmol. mentre per i 200 metri, la produzione è di circa 18 mmol.

È ovvio che l'allenamento lattacido può essere svolto sulle stesse distanze all'85-90- 95% della potenza massima esprimibile, con una produzione di lattati nettamente inferiore. In questo caso, per svolgere l'allenamen-to della capacità lattacida, è necessario recuperare poco, con la finalità di sommare il lattato prodotto.

La forza e la resistenza alla forza veloce sono due caratteristiche di primaria importanza per lo sci alpino. Sia in fisiologia sia nella pratica sportiva, si hanno diverse definizioni della forza dinamica massima, della forza esplosiva e veloce e della forza resistente: queste espressioni di forza possono essere realizzate attraverso contrazioni isometriche, concentriche ed eccentriche.

La contrazione isometrica si ha quando un muscolo sviluppa tensione, ma non modifica la propria lunghezza (per esempio, come si verifica a volte nella seconda metà della curva, quando il baricentro dell'atleta rimane alla stessa altezza). La contrazione concentrica si ha quando un muscolo sviluppa tensione accorciandosi; e questa è la forma più classica (per esempio, nella fase di inversione degli spigoli, quando l'atleta innalza il baricentro corporeo). La contrazione eccentrica si ha quando un muscolo sviluppa tensione allungandosi (per esempio, nella seconda metà della curva, durante la fase di piegamento-angolazione): i muscoli estensori della gamba (i tre muscoli inferiori del quadricipite femorale e il sartorio) vengono stirati producendo più forza durante la successiva fase concentrica. È questo il tipo di contrazione muscolare più interessante e determinante nelle quattro specialità dello sci alpino.

La forza massimale è la più elevata che il sistema neuromuscolare è in grado di esprimere attraverso una contrazione volontaria: prevale, in essa, la componente «resistenza da vincere» e viene meno la «velocità». Per i maschi, lo sviluppo fisiologico si completa fra i 20 e i 25 anni, mentre per quanto ri-guarda le femmine tale completamento si verifica verso i 16 anni. Ovviamente, con l'allenamento, la forza può continuare a svilupparsi, influenzando, così, positivamente la prestazione, anche dopo aver superato le età precedentemente indicate.

La forza esplosiva e rapida è la capacità del sistema neuromuscolare di superare resistenze con elevata velocità di contrazione.

La forza resistente è, invece, la capacità del sistema neuromuscolare di opporsi alla fatica, negli «sforzi» ripetuti e relativamente lunghi, nei quali vi sia da vincere una resistenza piuttosto elevata.

Per l'allenamento di tutte queste espressioni di forza esistono vari metodi: fra questi, le metodiche a carico naturale si differenziano da quelle con sovraccarico. La metodologia a carico naturale (preatletismo generale e specifico) è più razionale e mirata per il miglioramento della forza esplosiva, ma poco efficace per il progresso della forza dinamica massima; è però l'unico tipo di allenamento per la forza che gli atleti, non evoluti fisiologicamente, possono effettuare senza pericolo. Per allenare la forza dinamica massima è bene usare il sovraccarico. Una buona alternativa al bilanciere è l'uso di una macchina tipo horizontal-press, consigliabile a chi non volesse sollecitare pericolosamente la colonna vertebrale. Su questa macchina da sovraccarichi, l'atleta si mette in posizione supina, con il busto flesso e il bacino retroverso (pube in alto e cresta iliaca in basso) per non sollecitare la parte lombosacrale della colonna vertebrale. I piedi appoggiano su una pedana a inclinazione regolabile, sulla quale si esercita la forza di estensione degli arti inferiori per spingersi all'indietro. Il carico è variabile da 20 kg fino a un massimo di 450 kg con i quali si esplica la forza partendo da un'angolazione degli arti inferiori regolabile (da 90° per discesisti e gigantisti, da 120° a 150° per monospecialisti dello slalom). Durante la fase di spinta-estensione, si svolge un'azione di contrazione muscolare concentrica, mentre durante il ritorno alla posizione piegata si realizza una fase di contrazione eccentrica (più specifica per lo sciatore). Questa seconda fase può essere ulteriormente potenziata con il distacco totale (più o meno marcato) dei piedi dalla pedana, al fine di esaltare la contrazione eccentrica nella fase di ammortizzamento del carico.

È possibile agire simultaneamente o alternativamente sulle gambe, oppure effettuare spinte e successivi piegamenti nella posizione più specifica di angolazione. Per l'allenamento della forza massima sono consigliabili sia il metodo a contrasto sia quello cosiddetto piramidale, mentre per l'allenamento alla forza veloce, si può usare un carico tra il 20 e il 50% del massimale, con la maggior rapidità possibile. La forza massima è allenabile due volte la settimana e, generalmente, i cicli durano due mesi con l'interruzione di 30 giorni. L'allenamento della forza esplosiva o veloce deve necessariamente viaggiare in parallelo con lo sviluppo tecnico, per far sì che lo sciatore possa trasformare la componente in gesti tecnici rapidi, per migliorare il risultato agonistico. Per verificare la bontà dell'allenamento di forza è consigliabile l'uso di sistemi computerizzati che permettono di controllare la velocità alla quale si spostano i carichi. Queste strumentazioni sono in grado di fornire ulteriori dati sulla potenza, forza e spostamento negativo e positivo del baricentro corporeo, aiutando sia i tecnici che gli atleti a realizzare l'allenamento di forza secondo le finalità che le metodologie più avanzate si prefiggono.

La resistenza alla forza veloce è la capacità che ha l'atleta di reiterare la forza per tutta la durata della competizione. Ovviamente, chi possiede maggiore capacità ha meno possibilità di veder scendere il rendimento nell'ultima parte di gara. È, quindi, necessario che atleti degli sport di potenza siano allenati per la resistenza alla forza veloce con un numero di ripetizioni compatibile con il patrimonio genetico soggettivo di fibre veloci (FTP/0 = percentuale di fibre a scossa rapida). La serie deve terminare (Bosco) quando il soggetto raggiunge 1'80% della potenza impiegata. Per essere più esemplificativi, si può suggerire di non far effettuare più di 5 o 8 ripetizioni per serie (di balzi o salti verticali, ecc.) a soggetti con una percentuale di FTf superiore a 50-60% e da 10 a 15 ripetizioni per serie ai soggetti con una percentuale di FTF inferiore al 50%. Ciò per non usare anche le fibre lente una volta che quelle veloci si siano affaticate.

La rapidità di reazione o velocità di reazione è una qualità coordinativa essenziale in tutti gli sport di destrezza e, perciò, anche nello sci alpino. È definibile come la capacità dell'atleta di reagire nel modo più rapido possibile a uno stimolo esterno a lui più o meno conosciuto.

Si pensi cosa è richiesto a uno sciatore, sia slalomista sia discesista, quando in gara scende alla più alta velocità possibile: deve pensare a interpretare il tracciato secondo tutte le variazioni dei raggi di curva e delle pendenze, e in ogni punto del tracciato deve essere in grado di reagire anche a situazioni inaspettate che non aveva mai (o raramente) provato (posizione del suo baricentro in funzione del tipo di curva, forze tangenziali superiori a quelle previste, buche, cunette e «scalinature» diverse da porta a porta, salti e altre asperità in discesa da aggredire, per velocità diverse dal giorno di prova, in modo nuovo). La capacità di reagire nel modo più opportuno e nel minor tempo possibile è legata, da un lato, ai processi cognitivi (sensazioni, percezioni, rappresentazioni, pensiero, memoria) e dall'altro alle capacità propriocettive muscolari e alla loro possibilità di interagire con la tecnica sciistica. Ovviamente, gli atleti che praticano sport di destrezza posseggono queste qualità, ma è assolutamente indispensabile cercare di migliorarle, prevedendo le situazioni che potranno venirsi a creare durante la gara.

Alla luce di questa considerazione, è importante equilibrare molto bene il lavoro di forza con quello cognitivo e addestrativo. La velocità di reazione può diminuire con l'aumentare dei carichi di allenamento rivolti sia alla resistenza specifica della forza sia all'incremento della struttura morfologica delle fibre lente.

È stato già dimostrato (Bosco, 1990) che allenamenti protratti per più di 8-10 settimane producono stimoli specifici nelle fibre lente. Naturalmente, un incremento della sezione trasversa delle fibre lente provoca una diminuzione della forza esplosiva che è l'elemento per così dire «periferico» della rapidità di reazione. L'allenamento della velocità di reazione deve principalmente avvenire sugli sci e può svolgersi praticamente simulando le azioni che si possono trovare nelle varie competizioni e scegliendo, di volta in volta, ma sempre consciamente, la soluzione migliore. La tempestività di una buona scelta dipende dalla capacità di elaborare velocemente le informazioni a disposizione dell'atleta e dalla capacità di variare le stesse secondo le necessità. Nello sci alpino può talvolta succedere che si verifichino situazioni impreviste e che quindi l'azione istintiva sia l'unica qualità per riuscire a superare l'ostacolo con il minimo danno. È bene, perciò, cercare di prevedere, durante l'allenamento, il maggior numero di situazioni critiche, eseguendo tutti i movimenti ciclici e aciclici della tecnica sciistica nelle diverse situazioni di neve, di pendio e di tracciato. La precisione dei movimenti e la ripetizione degli stessi nelle diverse situazioni nonché l'abbinamento ottimale tra allenamenti di forza e di tecnica potranno aumentare o per lo meno mantenere la componente «rapidità di reazione» ai fini del miglioramento del risultato agonistico. (Weineck, 2009)

VALUTAZIONE FUNZIONALE DELLO SCIATORE

Per valutare le capacità fisiologiche dello sciatore e contemporaneamente controllare l'andamento dell'allenamento, è necessario ricorrere a test.

I classici test da campo possono essere sempre accettabili, purché la metodologia d'acquisizione dei dati sia sempre la stessa e vengano rispettati sia l'ordine stabilito sia gli intervalli tra i test. La Direzione Tecnica dello Sci Alpino della FISI consiglia i seguenti test: 30 metri piani; 60 metri piani; 100 e 200 metri piani; balzo in lungo da fermo; 3 balzi a rana; 5 balzi a rana; quintuplo alternato gamba destra e sinistra.

Un altro sistema molto razionale è quello ideato da Bosco, che si basa sull'acquisizione dei dati di forza esplosiva (con e senza contromovimento), di forza dinamica massima, di potenza alattacida e lattacida mediante un'apparecchiatura chiamata Ergo Jump. Questa macchina si compone di una pedana a conduttanza, sensibile alla pressione, di un microprocessore con vari programmi e di una stampante. I dati vengono elaborati elettronicamente e viene redatta una scheda per ciascun atleta recante i dati inerenti alle caratteristiche individuali di forza, elasticità, resistenza, percentuale di fibre veloci, e con le indicazioni per migliora è regolato come nelle gare a cronometro, mentre il secondo giorno ciascun atleta parte secondo l'ordine di arrivo della prima gara e con un distacco pari allo scarto fatto registrare il giorno precedente. La vittoria finale e i piazzamenti vengono sanciti dall'ordine di arrivo della seconda giornata. (Bosco, 1995)

SCI DI FONDO O NORDICO

L'ALLENAMENTO MODERNO DELLO SCIATORE DI FONDO

Caratteristiche generali dell'atleta sciatore di fondo ed età del massimo rendimento agonistico

Dopo aver visto quali sono le necessità di questo sport. è ora più semplice intuire come sia difficile avere, nello sci di fondo, specialisti sulle distanze o su una delle due tecniche. Inoltre, il dover gareggiare ad alto livello per un periodo dì 4-5 mesi, richiede un elevato grado di continuità nella capacità di prestazione per assicurarsi il miglior risultato finale possibile.

Altra caratteristica fondamentale dello sciatore di fondo è rappresentata dalla capacità individuale di saper «amministrare» le proprie forze durante tutta la gara, in altre parole, a fare in modo che l'impegno fisico e la prestazione sportiva stessa siano mediamente i più alti possibili in ogni momento della competizione, eliminando le brusche variazioni di velocità e, così, di rendimento. Queste necessità fanno sì che in uno sport dome lo sci di fondo il massimo rendimento sportivo sia raggiungibile per ciascun atleta nell'età adulta intorno ai 25 anni, tranne alcune eccezioni che, comunque, non hanno avuto longevità agonistica.

Mezzi di allenamento dello sciatore di fondo e loro distribuzione nell'arco del ciclo di lavoro

La necessità di migliorare il risultato sportivo, che da sempre ha condizionato l'allenamento degli atleti, ha portato, negli ultimi decenni, a sostenere considerevoli quantità di lavoro durante l'intero arco dell'anno,

Poiché lo sci di fondo può essere praticato solo nella stagione invernale, si è da tempo reso necessario integrare la preparazione di questa specialità con mezzi diversi di allenamento, affinché l'atleta sia in grado di raggiungere sempre il più alto livello di rendimento. Infatti, lo sciatore di fondo completa la propria preparazione esercitandosi con più mezzi quali, per esempio, la bicicletta, la corsa, la marcia in montagna con bastoncini, lo sciroller, ecc. Questi mezzi di allenamento, per necessità «metodologiche», vengono suddivisi e classificati in mezzi a carattere generale e mezzi a carattere speciale. I mezzi a carattere generale (utilizzo della bicicletta, corsa, marcia in montagna, ecc.) previsti all'inizio della preparazione, consentono di realizzare il lavoro di base che rappresenta il substrato dell'allenamento specifico annualmente svolto. Al contrario, i mezzi a carattere speciale (sciroller e sci) vengono inseriti progressivamente nell'arco dell'anno, allo scopo di finalizzare l'allenamento all'esecuzione dei gesti di gara.

L'anno di attività agonistica viene, pertanto, generalmente ripartito in cinque periodi:

a) generale;
b) fondamentale;
c) preagonistico;
d) agonistico;
e) di transizione.

Questa suddivisione interessa, con contenuti e quantità di lavoro diversificati, tutti i praticanti della specialità, siano essi principianti oppure atleti evoluti. Nei primi sono i mezzi generali a prevalere sui mezzi speciali sia nel periodo cosiddetto generale sia nel periodo fondamentale; il lavoro eseguito in quest'ultimo periodo costituisce l'«intelaiatura», la «struttura portante» di tutto il lavoro che sarà realizzato nella restante parte dell'anno (periodi preagonistico e agonistico). Negli atleti evoluti si osservano, invece, inversioni di tendenza rispetto ai principianti; ciò sia nella durata dei periodi sia nei contenuti dell'allenamento.

Infatti, sia il periodo preagonistico sia quello agonistico si protraggono per un tempo maggiore rispetto a quanto. avviene nei principianti. e i mezzi speciali prevalgono durante l'intero ciclo di preparazione. Infatti, un mezzo come lo sciroller viene utilizzato con maggiore frequenza e in maggiore quantità già nel periodo fondamentale e lo stesso sci, in tale periodo, è previsto nel programma di lavoro a scadenze quasi regolari (con brevi periodi di allenamento di 4-6 giorni, svolti sul ghiacciaio).

La pratica dello sci, che costituisce il mezzo di allenamento speciale per eccellenza, caratterizzerà essenzialmente il periodo preagonistico e rappresenterà l'unica espressione di allenamento-addestramento, cui farà riferimento l'atleta nel periodo competitivo, non tralasciando, comunque, tutte le esercitazioni cosiddette di «richiamo», previste nelle varie forme e modalità, affinché gli adattamenti raggiunti non scadano al di so ta dei livelli ottimali ricercati.

A questo proposito, vorremmo sottolineare l'importanza assunta nello sci di fo do dagli arti superiori negli ultimi anni. I fatti, la battitura meccanica delle piste e continuo miglioramento dell'attrezzatu tecnica hanno reso sempre più determinan te il contributo della parte superiore de corpo al risultato finale, ponendo i due distretti muscolari, quello degli arti superio e quello degli arti inferiori, sullo stesso piano per quanto concerne la preparazione.

Gli arti superiori, infatti, vengono allenati molto di più rispetto al passato utilizzando la marcia con i bastoncini, i circuiti a stazioni (sia a carico naturale sia con il sovraccarico) e attraverso esercitazioni specifiche quali le «spinte di braccia» effettuate durante le sedute di allenamento sia sugli sciroller sia sugli sci.

A seconda del livello dei praticanti, le esercitazioni sopra menzionate saranno utilizzate in modo diverso nel programma di lavoro, con sedute di «richiamo» (per la forza, in particolare) nel periodo agonistico.

I periodi di preparazione dello sciatore di fondo

Gli atleti, a conclusione di ogni stagione agonistica, prevedono un periodo «di transizione» da 3 a 6 settimane, durante il quale la quantità del lavoro svolto (volume) è molto ridotta. Ciò consente a ogni atleta di reintegrare le proprie energie sia fisiche sia psichiche. Non tutti gli atleti e le atlete però si comportano allo stesso modo; cioè, non tutti avvertono la necessità di ridurre il lavoro svolto fino ad allora.

Per alcuni atleti, soprattutto quelli più evoluti, è sufficiente svolgere attività sportive complementari che consentono un «rilassamento» e un calo della «tensione nervosa» per ritrovare nuovi stimoli e nuove energie per il prosieguo dell'attività agonistica. La riduzione dell'attività fisica può causare nell'atleta un aumento del peso corporeo e in particolare, della percentuale di tessuto adiposo. Questo incremento, in ogni momento della preparazione, può comportare uno scadimento della capacità di prestazione. Pertanto, il lavoro che viene proposto per il periodo generale, successivo a quello di transizione, ha un duplice scopo:

a) riadattare gradatamente l'atleta a sostenere le proprie abituali quantità di lavoro, con i vari mezzi di allenamento che la preparazione di ciascuno prevede;
b) eliminare l'eventuale sovrappeso corporeo.

Nel periodo generale, pertanto, l'intensità del lavoro non è predominante, anche se riveste una notevole importanza, visto quali sono gli obiettivi che caratterizzano la preparazione degli atleti in questa fase. Quindi il lavoro che, tra gli altri, viene maggiormente utilizzato in questo periodo sarà quello cosiddetto «lungo e lento». Con il procedere della preparazione, del resto, il lavoro «lungo e lento» non sarebbe sufficiente a stimolare i processi adattativi necessari per innalzare la «capacità di prestazione», in quanto con il reiterarsi di stimoli di bassa intensità il rendimento dell'atleta inevitabilmente tenderebbe a regredire.

Per tutti questi motivi è opportuno e anzi indispensabile prevedere l'inserimento progressivo di unità di lavoro sempre più intense, come, per esempio:

- variazioni di andature lenta/media (L/M);
- andature svolte a media intensità (M);
- variazioni di andature lenta/veloce (L/V).

Nel periodo preagonistico, l'atleta utilizzerà prevalentemente i mezzi speciali (sciroller, sci) e l'intensità di lavoro crescerà, come è giusto, ulteriormente. Quindi, le esercitazioni del tipo:

- veloce (V);
- frazionati di gara (FG);
- prove ripetute (PR): immetteranno direttamente nel periodo competitivo.

È nostra convinzione, quindi, che a misura che si procede nella preparazione, i tipi di allenamento più intensi vadano preferibilmente effettuati con i mezzi speciali, al fine di consentire le opportune verifiche tecniche ad andature più prossime alle velocità di gara.

Distribuzione del carico di lavoro nei periodi di preparazione

Dopo aver stabilito la quantità totale del carico annuale in ore oppure in chilometri (meglio se in entrambe le grandezze), si procede a una prima suddivisione della stessa nei quattro periodi:

- periodo generale: 13% della quantità totale;
- periodo fondamentale: 33% della quantità totale;
- periodo preagonistico: 29% della quantità totale;
- periodo competitivo: 25% della quantità totale.

Se, inoltre, si considera che ciascun atleta può adottare mezzi di allenamento diversi, è opportuno innanzitutto individuarli, tenendo conto delle necessità e delle preferenze di ciascuno, per poi stabilire le percentuali che ciascun mezzo presenterà nell'ambito dell'intero ciclo di lavoro annuale.

Indicativamente, si riportano alcuni valori di riferimento di un atleta di buon livello:

- bicicletta: circa 8%;
- corsa: circa 20%;
- marcia: circa 5%;
- sciroller: circa 32%;
- sci: circa 35%.

I valori sopra elencati verranno sviluppati in modo diverso nell'ambito dei quattro periodi di preparazione annuale (non consideriamo qui il periodo di transizione), tenendo conto delle necessità individuali e del grado di evoluzione dell'atleta.

Nelle pagine successive, verranno fornite esemplificazioni pratiche allo scopo di rendere più agevole la comprensione di quanto finora esposto.

Dopo aver individuato i diversi mezzi di allenamento e le modalità con le quali essi vengono utilizzati nei vari periodi di preparazione, è opportuno indicare i metodi, i criteri e le procedure da adottare nell'allenamento, da parte dello sciatore di fondo, al fine di migliorare le qualità fisiche necessarie per la pratica della specialità.

Lo sciatore di fondo, a seconda del periodo di preparazione, farà ricorso a differenti metodi di lavoro fisico, con esercitazioni diverse, a carattere sia generale sia specifico, in relazione ai mezzi di allenamento adottati. Nelle figure 25.3-25.6 vengono riassunte le esercitazioni utilizzate dagli sciatori di fondo per lo sviluppo delle capacità organico-muscolari necessarie per la pratica della specialità.

MEZZI E MATERIALI TECNICI NELLO SCI DI FONDO

Negli ultimi quindici anni, i materiali e gli attrezzi di gara hanno subito notevoli modifiche e innovazioni, sia per l'uso dei componenti adottati, sia per le soluzioni tecnologiche a cui si è fatto ricorso in fase di costruzione degli stessi.

Brevemente, illustriamo gli «elementi» che costituiscono l'attrezzatura sportiva di questa specialità, indicando per ciascuno di essi i parametri più salienti e interessanti che ne determinano le capacità di risposta alle varie esigenze dei praticanti lo sci di fondo:

- bastoncini;
- sci;
- scioline;
- scarpa-attacco;
- abbigliamento.

GINNASTICA

Per le finali di specialità, l'ordine di salita viene sorteggiato dal Comitato Tecnico Internazionale, prima dell'inizio delle gare. Pertanto, i migliori 8 atleti conoscono, all'atto della qualificazione, il loro turno di lavoro all'attrezzo.

L'applicazione del nuovo regolamento permette a tutti i finalisti di competere alla pari e di conquistarsi il titolo di specialità in base all'esecuzione che riusciranno a esprimere nella finale.

Tutto ciò comporta un aumento di responsabilità del corpo giudicante e, per questo motivo, il gruppo di giuria all'attrezzo (per le sezioni maschile e femminile) è stato potenziato a nove unità con i seguenti compiti:

- un giudice responsabile dell'attrezzo, con compiti di sovraintendere su tutti i giudici; - giuria A, composta da due giudici, con il compito di determinare il valore materiale dell'esercizio e stabilire il punteggio di partenza;
- giuria B, composta di sei giudici, con il compito di valutare l'esecuzione.

La media dei punteggi dei sei giudici sottratta al punteggio della giuria A, determina la nota finale da assegnare al ginnasta.

Nel settore della ginnastica ritmica sportiva, il gruppo di giuria sia per le gare individuali che per quelle di squadra, è composto da:

- quattro giudici che valutano l'esecuzione;
- quattro giudici che valutano il valore tecnico;
- quattro giudici che valutano il valore artistico.

La media dei punteggi di ogni gruppo sommati tra loro determina la nota finale da assegnare alla ginnasta.

PREPARAZIONE GENERALE E SPECIFICA E RELATIVE METODICHE DI ALLENAMENTO

Con la sigla PFG si intende la preparazione fisica generale; tale locuzione racchiude un'infinità di elementi che concorrono alla preparazione di base di un atleta, quali: sviluppo della mobilità articolare soprattutto del cingolo scapolo-omerale, delle articolazioni coxofemorale e tibiotarsica, potenziamento del sistema cardiocircolatorio,potenziamento muscolare generale finalizzato anche al miglioramento della resistenza e della velocità di tutti i settori muscolari, sviluppo delle capacità coordinative.

Con la sigla PFS si intende la preparazione fisica specifica, cioè lo sviluppo delle capacità organico-muscolari e coordinative, attraverso elementi specifici richiesti dalle particolari caratteristiche motorie. Questo tipo di preparazione permette al ginnasta di potenziare le sue capacità, affinando il gesto tecnico al fine di ottenere il miglior risultato.

Entrambe le preparazioni accompagnano gli atleti per tutto l'arco della loro carriera e sono parte integrante di ogni seduta di allenamento. Va evidenziato che lo spazio dedicato a questi due aspetti è più o meno ampio a seconda del periodo della programmazione a cui si fa riferimento.

ORGANIZZAZIONE CICLICA (SEMESTRALE, ANNUALE, ECC.) DELL'ALLENAMENTO

Dopo anni di attività empirica, si è finalmente passati alla pianificazione della carriera dell'atleta, cosa che ha determinato un notevole accrescimento culturale dell'ambiente, ma soprattutto migliori risultati tecnici in senso assoluto.

La complessità della disciplina richiede una particolare applicazione dei principi della teoria dell'allenamento (Mariani, 2008).

Per comprendere meglio il significato di «programmazione» è bene chiarire il concetto di «pianificazione».

La pianificazione, indipendentemente dal livello tecnico di ogni atleta, è, per convenzione, suddivisa in cinque fasi:

- quadriennale (4 anni);
- annuale (12 mesi);
- mensile (4 settimane);
- giornaliera (distribuzione delle sedute di allenamento, degli orari e la rotazione agli attrezzi).

La pianificazione quadriennale è riferita al ciclo Olimpico, perché al termine di ogni quadriennio è previsto il cambiamento del codice dei punteggi che subisce evidenti variazioni. Nasce, così, la necessità di distribuire il lavoro tenendo presenti gli obiettivi da raggiungere annualmente:

- 1° anno: studio di nuovi elementi o combinazioni per gli esercizi liberi;
- 2° anno: perfezionamento degli esercizi obbligatori e liberi;
- 3° anno: stabilizzazione degli esercizi obbligatori e liberi;
- 4° anno: preparazione specifica per la partecipazione ai Giochi Olimpici.

Il prospetto sopra esposto si riferisce, ovviamente, ad atleti appartenenti alla squadra nazionale ma, con gli opportuni accorgimenti, può essere adattato a qualsiasi atleta. Infatti, con lo studio di adeguati movimenti e combinazioni si possono raggiungere nei quattro anni obiettivi diversi.

La pianificazione annuale segue il calendario delle competizioni. In campo sia nazionale che internazionale, i cicli possono differire nella durata, includendo nella preparazione gare minori che rappresenteranno delle verifiche del lavoro svolto. La pianificazione annuale, spesso, non coincide con l'anno solare.

Ogni ciclo di preparazione è suddiviso generalmente in tre periodi:

a) di transizione;
b) di preparazione;
c) di gara.

Il periodo di transizione può durare da qualche giorno a due settimane e inizia sempre dopo una gara. Durante questo periodo, il ginnasta svolge attività complementari, abbinate possibilmente a saune e massaggi. Il periodo di preparazione segue quello di transizione e ha una durata che può arrivare anche a 5 mesi. Esso è caratterizzato da tre elementi fondamentali:

- volume di lavoro: rappresentato dal numero di combinazioni eseguite nel corso dell'allenamento, conteggiando separatamente il numero dei volteggi (per esempio 400 + 30 significa 400 movimenti e combinazioni più 30 volteggi);
- intensità di lavoro: rappresentata dal grado di perfezione con cui vengono eseguiti elementi o combinazioni di elementi tecnici più o meno complessi nell'unità di tempo (normalmente viene preso il tempo di durata della gara);
- densità di lavoro: è determinata dal rapporto tra il volume di lavoro e il tempo di allenamento.

Il ciclo di gara è composto mediamente da 4 settimane oltre ai giorni di gara; in questa fase il volume di lavoro decresce, mentre l'intensità raggiunge il suo massimo valore nella prima settimana. Infatti nella prima settimana, si deve aumentare la resistenza specifica dell'atleta attraverso l'esecuzione di un elevato numero di esercizi compie (ogni giorno da un minimo di 2 a un massimo di 6 ripetizioni di esercizi completi per attrezzo, per cinque attrezzi); nella seconde: settimana l'intensità rimane costante. La terza settimana è impostata sul modello della competizione, cioè vengono riprodotte, in allenamento, le situazioni di gara come l'orario, il turno di lavoro, il tempo di riscaldamento all'attrezzo; è diverso solo il numero di ripetizioni all'attrezzo che varia da 4 a 5, con l'eventuale aggiunta di ripetizioni di sin-. gole combinazioni. Nella quarta settimana le ripetizioni sono di 1 o 2 per attrezzo ed è particolarmente curata la perfezione tecnica.

Il rapporto fra i due indici (volume e intensità) e la prevalenza dell'uno sull'altro dipendono dal periodo di programmazione nel quale si trova l'atleta in funzione dell'impegno agonistico.

La programmazione settimanale comprende sei giorni lavorativi e uno di riposo. Normalmente, il mercoledì e il venerdì sono i giorni in cui si raggiungono i picchi di lavoro più alti: questo per gli atleti che si allenano sei giorni la settimana; il giovedì rappresenta, invece, il giorno di assestamento e di recupero e, pertanto, il lavoro, risulta inferiore rispetto agli altri giorni della settimana.

La programmazione giornaliera comprende, in base al periodo dell'anno cui si riferisce, una, due o tre sedute di allenamento. È buona norma svolgere ogni seduta (giornaliera) di allenamento su tutti gli attrezzi. Tale norma non viene scrupolosamente rispettata nel periodo preparatorio, in quanto il tempo viene concentrato esclusivamente sullo studio di elementi e combinazioni all'attrezzo, usufruendo anche di specifiche apparecchiature facilitanti.

TENNIS

Caratteristiche, che devono essere tali da favorire la concretizzazione di idonee strategie di gioco.

Il presupposto tattico prevalente nel doppio, se le condizioni di gara lo permettono, è quello di attuare continuamente schemi offensivi, ricercando la posizione allineata in senso orizzontale alla rete, spesso definita «formazione parallela della coppia», che offrirebbe meno spazio ai colpi avversari.

Solamente all'inizio dello scambio, quando uno dei due giocatori esegue il servizio e uno degli avversari risponde, i rimanenti compagni hanno ruoli e posizioni differenti dai primi.

Sono proprio la battuta e la risposta al ser-vizio i colpi che permettono dí acquisire fin dall'inizio vantaggi strategici che, se mante-nuti nelle fasi successive dello scambio, consentiranno spesso la conquista del punto. Questo tipo di gara può venir praticato da coppie di giocatori dello stesso sesso (doppio maschile e doppio femminile) o di sesso diverso (doppio misto).

TATTICA: ASPETTI GENERALI

Il tennis è una disciplina in cui la tattica riveste un ruolo preminente; qualsiasi azione messa in atto dall'atleta in gara è la risultante di una complessa operazione di analisi della situazione di gioco e quindi di elaborazione dei dati provenienti da essa, al fine di selezionare e organizzare la risposta motoria che presumibilmente (in base ai dati dell'esperienza del soggetto) consentirà al giocatore di conquistare il punto.

Sotto questa ottica, si comprende come il tennis, in similitudine a quanto accade in altri giochi sportivi, sia in grado di coinvolgere tutta la sfera della personalità del giocatore, stimolando le sue reazioni intellettive, fisiche e tecniche.

Allo scopo di semplificare l'apprendimento tattico ai neofiti e ai giovani, si ritiene opportuno considerare lo sport in questione sotto il profilo «territoriale», avendo già accennato in precedenza quale significato attribuire a tale termine.

La metà del campo in cui è impegnato un giocatore può essere esaminata e suddivisa in varie zone che suggeriscono allo stesso l'interpretazione tattica più idonea dei colpi. Anche la metà campo avversaria va analogamente considerata;

in essa, si possono delineare zone con diversa percentuale di rischio di errore nell'esecuzione dei colpi. La scelta di una particolare area del campo in cui inviare il proprio colpo, ovviamente, impone al giocatore di modulare in termini di ampiezza, tempismo, coordinazione, forza, velocità e fluidità l'esecuzione dei propri gesti tecnici.

Risulta chiaro che l'affaticamento psicofisico, la limitata capacità di concentrazione e una tecnica approssimativa, sono elementi che influiscono negativamente sulla gestione del gioco.

LOTTA

Devono elaborare situazioni in cui l'atleta sia particolarmente motivato (test), oppure si può rendere più difficoltosa la coordinazione usando manichini o partner più leggeri o più pesanti o, ancora, prevedere l'esecuzione dell'azione tecnica in situazioni di grave disagio;

- durata dello stimolo: deve consentire la realizzazione di movimenti alla massima velocità e protrarsi per un tempo che risulti sufficientemente allenante (per la lotta hanno significato anche durate dai 2 ai 4 secondi) se si prevede una successione di movimenti aciclici e di coordinazioni complesse ovvero un complesso tecnico-tattico);
- tempo di recupero: dovrà durare dai 4 ai 6 minuti, fermo restando, comunque, la massima concentrazione mentale;
- volume del carico: sarà notevolmente ridotto e inserito, preferibilmente, all'inizio della seduta, dopo un accurato riscaldamento.

PERIODIZZAZIONE DELL'ALLENAMENTO

I principi della periodizzazione dell'allena-mento del lottatore obbediscono a quelli validi per ogni altra disciplina che non prevede un campionato protratto in tutto l'arco dell'anno; sono legati a precise leggi fisiologiche che governano la capacità dell'organismo di raggiungere il miglior stato di forma e di mantenerlo per un determinato tempo.

Essi possono essere riassunti come segue:

- le gare più importanti devono essere concentrate in uno o al massimo due periodi non troppo lunghi;
- ogni periodo competitivo deve essere preceduto da un periodo preparatorio sufficientemente lungo e diversificato, secondo la qualificazione dell'atleta;

- nella parte finale di ogni periodo preparatorio vanno inseriti test e competizioni di controllo con impegno sempre crescente;
- al termine di ogni periodo competitivo è bene effettuare un periodo di transizione di relativo riposo, con durata proporzionale ai due periodi precedenti e alla qualificazione del particolare lottatore.

Considerando l'anno sportivo di un lottatore di valore internazionale e il calendario delle competizioni per lui più importanti, è possibile costruire i vari cicli che lo compongono e le finalità da proporsi per ogni ciclo.

Periodo preparatorio

Secondo i criteri più noti della periodizzazione, il periodo preparatorio andrà suddiviso in due tappe ben distinte, la prima per raggiungere la condizione generale partendo dalla quale è possibile lavorare per il raggiungimento della forma, la seconda per mettere a punto le capacità specifiche.

Nella prima tappa, quindi (cosiddetta di preparazione fondamentale), si dovranno realizzare le condizioni idonee alle prestazioni di carattere generale richieste dalla lotta (forza, forza veloce e resistenza); si lavorerà anche molto sull'adeguamento della tecnica preferita a nuovi modelli tecnico-tattici e sulle eventuali evoluzioni di comportamento tattico motivate da fattori noti (cambiamento del regolamento, avversari conosciuti, ecc.); il parametro quantità del lavoro sarà prevalente sull'intensità, come in tutti gli sport che seguono questo tipo di periodizzazione.

Nella seconda tappa, definita anche tappa di preparazione speciale, ci si dedicherà principalmente alla trasformazione di tutto il lavoro di costruzione precedentemente svolto nelle abilità specifiche, finalizzando ogni intervento per le capacità organico-muscolari alle situazioni reali del combattimento. Si avranno anche periodici richiami di carattere più generale, sempre inseriti nel contesto di microcicli di più ridotta intensità. Nella parte conclusiva di questa tappa, è opportuno inserire competizioni con carattere di preparazione e di controllo, utili per verificare lo sviluppo delle scelte tecnico-tattiche effettuate e della condizione fisica del lottatore, nonché per abituarlo gradualmente al clima delle competizioni più importanti. Questa fase della periodizzazione è caratterizzata da una diminuzione del volume di carico, con conseguente aumento della sua intensità.

Periodo competitivo

Rappresenta il periodo in cui si deve mettere a frutto tutto il lavoro svolto in precedenza, passando attraverso competizioni di verifica e tornei in cui si incontrano gli avversari più titolati, fino alla competizione più importante della stagione agonistica.

L'allenamento sarà caratterizzato da un andamento altalenante che tende a integrare, per la gara più importante, quell'insieme di componenti fisiche, tecniche, tattiche e motivazionali che consente il risultato sportivo. In poche parole, si può dire che questo periodo è costituito da due o tre cicli progressivamente più impegnativi e organizzati in funzione di competizioni via via più importanti.

Il microciclo precedente la competizione principale sarà notevolmente diverso da tutti gli altri e tenderà a mantenere l'alta condizione raggiunta, con allenamenti brevissimi alternati a giochi sportivi e pause di recupero.

Due giorni prima della competizione, fatti salvi i problemi di peso, si effettuerà riposo e nel giorno delle operazioni di peso, cioè il precedente alla competizione, si effettuerà un allenamento molto breve e intenso, tutto sul tappeto di gara.

Periodo di transizione

Alla fine del periodo competitivo, dopo le gare più importanti della stagione agonistica, si verificherà una caduta della forma dovuta a fattori fisiologici e psicologici: necessiterà, quindi, un periodo di riposo attivo che sarà di durata variabile, comunque non superiore ai 30-40 giorni.

Questo periodo è caratterizzato da sedute di allenamento generalizzate basate più sull'alternanza di attività complementari (molto usati i giochi sportivi) ed esercitazioni di richiamo di alcune capacità organico-muscolari, cercando di limitare al massimo l'uso del tappeto. In definitiva il periodo di transizione è un momento obbligato e importante della periodizzazione, di cui fa parte senza soluzioni di continuità. Il lavoro svolto in questo periodo deve consentire il recupero fisiologico dell'organismo. allontanare lo stress delle competizioni, mantenere un buono stato di efficienza fisica in modo da poter riprendere l'allenamento, con il successivo periodo preparatorio, a un livello di condizione superiore a quella di partenza dell'anno precedente.

7.
MEZZI E METODI SPORT ACQUATICI (miscellanea)

NUOTO

ORGANIZZAZIONE E CONTROLLO DEL PROCESSO DI ALLENAMENTO

Il processo di allenamento di un nuotatore si sviluppa in fasi pluriennali che devono essere programmate sulla base delle condizioni obiettive che determinano la crescita della abilità sportiva specifica.

La programmazione si effettua a partire da una serie di studi e conoscenze che riguardano:

1) principi dell'adattamento dell'organismo;
2) principi della specializzazione morfologico-funzionale dell'atleta;
3) principi del rapporto tra condizione dell'atleta e carico dell'allenamento;
4) principi dello sviluppo dell'abilità sportiva propria del nuoto.

La conoscenza di questi principi consente di organizzare l'allenamento secondo i seguenti criteri:

- specificità in relazione all'attività di gara;
- orientamento di carichi, in funzione del loro potenziale di allenamento e delle modificazioni indotte nella condizione dell'atleta;
- permanenza, variazione e interazione dei carichi con diverse finalità.

Il periodo di affinamento principale (major-taper) è, nella metodologia tradizionale, raccordato ad altri periodi aventi la stessa finalità, ma minore durata. Benché molti allenatori siano contrari a questo tipo di programmazione che prevede più periodi di affinamento, esso è irrinunciabile quando è necessario ottenere la qualificazione per un campionato o una manifestazione internazionale (Campionati Europei o Mondiali, Giochi Olimpici) ed è indispensabile possedere una buona forma nella fase di selezione. Se questa condizione non è necessaria, è bene evitare l'uso di più periodi di tapering, perché l'influenza sul livello dei risultati può risentire delle interruzioni del periodo di preparazione.
La necessità di un periodo di tapering e la sua durata sono variabili e strettamente collegate alle scelte fatte in allenamento. Difficilmente si possono ottenere

risultati se il periodo di tapering non è collegato a un periodo di lavoro in cui non viene consentito un recupero completo e se anzi non viene imposto, per un tempo adeguato, un ritmo di utilizzo delle riserve funzionali superiore al ritmo di ricostituzione.

NUOVI ORIENTAMENTI NELL'ORGANIZZAZIONE DELL'ALLENAMENTO DEL NUOTATORE

La struttura tradizionale dell'allenamento ha dato negli anni recenti buoni risultati. Non è però possibile non valutare come, soprattutto in presenza di nuotatori di alta qualificazione, sia necessario interpretare la programmazione come un processo pluriennale.

In questo processo occorre tenere nel debito conto che il crescere delle capacità organico-muscolari e competitive riduce da una parte progressivamente le riserve di adattamento dell'atleta e dall'altra rende meno facile la conservazione del potere allenante dei sovraccarichi, soprattutto se organizzati in forma cosiddetta globale. Anche la differente durata dei periodi che precedono i due picchi prestativi annuali sconsiglia, per gli atleti di alta qualificazione il ripetersi di due periodi analoghi, differenti solo per la durata di applicazione degli orientamenti funzionali.

Nella preparazione degli atleti di qualificazione più elevata, quando questa è raggiunta in molti anni di lavoro, l'unità fondamentale di allenamento non può essere un microciclo a carattere globale, bensì un periodo più lungo, cioè una tappa di almeno 12-16 settimane, nella quale il succedersi di microcicli a orientamento funzionale unilaterale consenta il raggiungimento di modificazioni e adattamenti più intensi e marcati e anche più stabili. Si evita in questo modo il meccanismo di incremento settimanale di carichi in tutte le direzioni funzionali, che ha molte probabilità di perdere progressivamente l'effetto allenante.

Un'altra caratteristica dell'allenamento di nuotatori di alto livello è la capacità di rispondere positivamente all'uso di frequenti esercitazioni collegate più strettamente al tipo di competizione preparata, senza peraltro cadere nell'errore di innalzare troppo il consumo di glicogeno. Nella programmazione dell'allenamento di questi atleti è bene, dunque, nella divisione della stagione in due periodi (6-7 mesi) tenere presente il compito di trasformazione sostanziale degli indici funzionali, attraverso blocchi massicci di carichi unilaterali di durata opportuna, che siano preparatori di effetti sinergici tra loro, che si realizzano dopo un periodo adeguato di recupero. In questa fase, è il diverso orientamento di carichi che diventa l'elemento guida, in lunghe tappe di lavoro, del processo di allenamento e che determina e garantisce il mantenimento del potere e dell'effetto allenante dei carichi, al variare della condizione. Nella seconda parte della stagione, successivamente alla realizzazione del primo picco prestativo, poiché la durata reale di questa fase è minore, è possibile procedere facendo progredire i sovraccarichi, mantenendo lo schema di orientamento funzionale prevalente, maggiormente connesso con la prestazione.

CANOTTAGGIO

ALLENAMENTO DEI GIOVANI CANOTTIERI

L'allenamento della qualità organico-muscolare «resistenza» nei giovani canottieri richiede una programmazione pluriennale basata sul presupposto che non si deve perseguire un generico miglioramento delle qualità funzionali dell'organismo in direzione della resistenza, ma si deve mirare allo, sviluppo di ben determinate qualità di resistenza specifiche del canottaggio.

Il primo obiettivo da raggiungere è quello di portare il giovane canottiere ad allenarsi per il tempo necessario a produrre gli adattamenti richiesti: in questa fase, i mezzi da usare devono essere molto vari, poco noiosi e a larga componente ludica. Una volta che il soggetto abbia acquisito familiarità con i carichi di allenamento e, nel contempo, familiarità con l'attrezzo specifico, la barca, si può passare al secondo, obiettivo, che è quello di unire a una sufficiente padronanza tecnica di voga un ottimo condizionamento generale e muscolare.

Da questo momento, il soggetto è «specificamente allenabile» come canottiere e si possono introdurre tutti i metodi e i mezzi idonei a trasformare il giovane canottiere in canottiere evoluto. Naturalmente, si sceglieranno i metodi e i mezzi più idonei nelle singole fasi evolutive.

Solo dopo i 15 anni di età si allenerà la resistenza alla forza rapida ciclica dei muscoli impiegati dal canottiere, con particolare riguardo all'allenamento mirato dei «muscoli limitanti» del vogatore in genere (catena degli estensori degli arti inferiori e del dorso, flessori e adduttori degli arti superiori) e dei «muscoli limitanti specifici del soggetto» (cioè quei muscoli che in quel determinato soggetto sono particolarmente deboli).

Si ritiene pericoloso e svantaggioso iniziare precocemente il lavoro con i sovraccarichi per la particolare costituzione del giovane canottiere: atleta longilineo, con rachide e arti molto lunghi, muscolatura non molto tonica, articolazioni non molto solide in quanto non supportate da un adeguato sostegno muscolare.

Si porrà particolare cura a far acquisire «tempismo», inteso come capacità di conoscere la potenza massima del proprio «stato stazionario» di equilibrio, cioè di corrispondenza tra ossigeno assunto e ossigeno realmente utilizzato durante il lavoro muscolare.

A tale scopo, si programmeranno velocità costanti di allenamento per permettere di riuscire a tenere in gara la «giusta andatura». I carichi, le frequenze e i ritmi esecutivi dovranno essere tali da non creare dei vogatori lenti (stoppers), bensì tali da conservare e potenziare la «rapidità motoria» insieme a una buona resistenza alla velocità, in modo da favorire la formazione di atleti forti, resistenti e veloci (propellers).

Altri obiettivi, pur non direttamente collegati con la resistenza, ma importanti perché ne sono presupposti validissimi, devono essere la cura adeguata di: mobilità articolare, allungamento muscolare, insegnamento delle tecniche di rilassamento indispensabili per il recupero psichico oltre che muscolare, insegnamento di corrette e igieniche abitudini alimentari e di vita.

È fondamentale che il giovane canottiere mantenga un'adeguata motivazione diretta verso risultati a lungo termine, piuttosto che verso obiettivi agonistici immediati. L'allenamento dei giovani canottieri non deve avere una programmazione rigida: al contrario, deve essere molto elastico e basato sulla predisposizione e sulla disponibilità del soggetto (psicologica, familiare, scolastica, contingente).

ALLENAMENTO DEL CANOTTIERE EVOLUTO

Il canottaggio è uno sport di prestazione che ha la sua gara più importante in coincidenza con i Campionati Italiani (canottieri di livello nazionale) e con il Campionato del Mondo o i Giochi Olimpici (canottieri di livello internazionale). Pertanto tutta la preparazione deve essere organizzata in funzione della «finale» delle predette competizioni e vede il periodo più delicato in coincidenza dell'ultimo mese di preparazione. Taluni allenatori, in disaccordo con la letteratura scientifica ufficiale e sulla scorta di dubbi test da campo, dedicano quest'ultimo periodo ad allenamenti in quota, a media altitudine. È una scelta discutibile e rischiosa, in quanto l'acclimatazione prima in quota e poi a livello del mare non permette di modulare, con effetti prevedibili, la fase più delicata della preparazione. Talora la competizione mondiale si svolge a livello del mare, con fuso orario diverso, con clima caldo-umido e notevoli sollecitazioni psicologiche: francamente sembra eccessivo pretendere da un atleta, per quanto eccezionale, tali molteplici simultanei adattamenti in tempo breve.

Da queste premesse emerge chiaramente il fatto che la periodizzazione dell'allenamento del canottiere è abbastanza semplice e riconducibile allo schema classico della periodizzazione di Matveev.

Limitazione agli elementi della preparazione psicofisica del canottiere saranno in questa sede esaminati solo tre mezzi fondamentali: l'allenamento in barca, la corsa, l'allenamento con sovraccarichi.

Allenamento in barca

È necessaria una premessa essenziale per comprendere lo schema intensità-volume del carico, relativa alla modulazione annuale del carico in barca: «gli esercizi per essere efficaci dovranno essere eseguiti almeno ai due terzi della loro potenza massima. Conviene non dimenticare questa nozione altrimenti l'allenamento diventa solo un piacevole divertimento» (Abrégé de médecin do sport, Masson, Paris, 1979). È indispensabile, quindi, ai fini di una reale programmazione dell'allenamento conoscere il più esattamente possibile l'intensità con cui si deve lavorare e ai fini di una reale valutazione del lavoro svolto conoscere quella con cui si è lavorato.

Nel canottaggio, si possono misurare con relativa facilità i seguenti parametri per ottenere questo scopo:

a) frequenza cardiaca;
b) numero di colpi al minuto;
c) velocità della barca.

Ognuno di questi parametri, per vari motivi, non è completamente affidabile (soprattutto la frequenza cardiaca e il numero dei colpi) e la velocità della barca può essere influenzata da eventi ambientali indipendenti dal soggetto in esame (come vento, onde, correnti, ecc.).

Sinteticamente si può osservare che la frequenza cardiaca a valori superiori a 170 battiti per minuto non è più significativamente correlata al massimo consumo di ossigeno e che gli atleti di uno stesso equipaggio, a parità di dispendio energetico e produzione di energia, possono presentare una frequenza cardiaca molto diversa, che varia da 160 a 200 battiti per minuto: inoltre, può essere influenzata in modo rilevante da condizioni diverse, quali la temperatura e l'umidità ambientale, nonché dall'aumento della temperatura corporea da lavoro.

Per il numero di colpi, che entro un massimo di 36 sono correlati alla frequenza cardiaca e, quindi, al massimo consumo di ossigeno, bisogna tener conto del fatto che, alterando i parametri che determinano la durata, il ritmo e l'intensità della passata, si perde la relazione che lega il numero di palate al minuto alla velocità della barca, alla frequenza cardiaca e al massimo consumo di ossigeno.

La velocità della barca può essere di importanza fondamentale solo se calcolata tenendo presente che «la potenza che il rematore deve sviluppare aumenta secondo l'esponente 2,95 della velocità media della barca (W= 1,1 x Vg)•95) e che i dati di V02, quando siano posti in funzione della velocità di progressione dell'imbarcazione, descrivono, dopo un'opportuna modifica della scala, grossolanamente, la funzione W =1,1 x V1•95» (Cerretelli, 1973). Da questa funzione, si può ricavare la velocità media con la formula:

$$Vm= {}^{2.95}V—$$

Il valore ottenuto dipende esclusivamente dal dispendio energetico. Quindi, quando è noto il dispendio energetico di un percorso svolto a intensità 100% (ricavato con la formula sopra indicata), dopo averne calcolato la percentuale desiderata per l'allenamento con la medesima formula, si potrà conoscere la velocità corrispondente.

I valori così ottenuti sono molto diversi da quelli proposti da molti testi di metodologia dell'allenamento (compreso il «Rudern» della ex Repubblica Democratica Tedesca) che calcolano l'intensità di lavoro desiderata ponendola in relazione esclusivamente alla velocità, e non al dispendio energetico del lavoro effettuato a intensità 100%, usando la formula:

$$VmX\%=$$

Tali valori sono tuttavia analoghi a quelli calcolati per la corsa da Zatziorski e riportati nel suo volume "Le qualità fisiche dello sportivo".

I programmi che si rifanno alle succitate premesse sono molto pratici, perché permettono di considerare un altro elemento obiettivo (oltre la frequenza cardiaca e il numero di palate al minuto): la velocità media corrispondente a una ben precisa intensità di lavoro. Il contemporaneo allenamento di più di un equipaggio riduce l'influenza dei fattori esterni: il rispetto della tabella programmata da parte di taluni mette in evidenza il mancato impegno, la cattiva condizione, l'involuzione tecnica, e altro ancora degli altri.

L'esperienza dimostra che per lavori di media e lunga durata (prevalenti nei primi mesocicli di allenamento) svolti senza un raffronto tra i tempi teoricamente calcolati in riferimento al dispendio energetico e ai tempi realizzati, si giunge spesso a un allenamento al di sotto dell'intensità del 65% e, quindi, nella fascia del lavoro non allenante.

La maggiore utilità del calcolo della velocità di allenamento secondo la formula inversa

$$W = 1{,}1 \times V —$$

risiede nella possibilità di allenare a velocità che potrebbero sembrare pericolose (specialmente in un periodo di ricerca del miglioramento della «capacità» e non della «potenza» del meccanismo aerobico di produzione di energia), ma che in realtà sono ancora molto al di sotto del massimo dispendio energetico. Per esempio, la velocità 65% calcolata sulla velocità massima cade nell'ambito delle intensità non allenanti, e quella 86,5% arriva appena all'intensità minima allenante del 65%;

inoltre, l'intensità 80% del nuovo metodo corrisponde al 92,5% del vecchio metodo. Riferendoci al dispendio energetico, e non all'intensità di lavoro calcolata basandosi su percentuali della massima velocità, le possibilità di escursione del carico sono più ampie: quando con altri metodi si è vicini al 95%, cioè quasi al massimo (e vengono ridotte le distanze su cui si lavora alla distanza di gara o a frazioni della stessa), facendo riferimento al dispendio energetico è invece possibile variare ancora di molto il carico senza raggiungere il 100% (percorrendo distanze una volta e mezza o due volte la distanza di gara per due o tre volte).

I concetti sopra esposti pongono a confronto le intensità e i volumi secondo Matveev, Tschiene e Stabia (La Mura). Le intensità, che secondo Tschiene vanno mantenute per tutto l'anno tra l'80 e il 90%, in realtà, valutate con il nuovo metodo, si situano nell'ambito dell'80%; la periodizzazione secondo Matveev si basa su lavori effettuati al di sotto del minimo allenante per oltre due terzi dell'anno.

Il lavoro in barca deve avere questi obiettivi principali:

a) migliorare il trasporto di ossigeno potenziando l'azione di pompa del cuore: a tale scopo si svolgono lavori lunghi a un'intensità del 60-65% del massimo dispendio energetico e della durata di 90-120 minuti (frequenza di colpi 22-26 al minuto; polso 125-150);
b) migliorare l'estrazione dell'ossigeno da parte del muscolo: a tale scopo, si svolgono allenamenti su distanze ripetute di 10-15 minuti per 3 o più volte a un'intensità del 75-85-90% del massimo dispendio energetico, con il raggiungimento di una frequenza cardiaca di 150-180 per minuto (colpi 27-33 al minuto);
c) incrementare la potenza aerobica con sedute di slow interval-training anche a intensità alternata, al 60-70% del massimo dispendio energetico e con frequenza cardiaca non inferiore a 120 per minuto (colpi 22-24/ 27-29 al minuto);
d) incrementare la capacità e la potenza anaerobica soprattutto lattacida: si usano distanze ripetute percorse in 1-2-3 minuti con recupero completo; la frequenza cardiaca prima di ogni ripetizione dovrà essere al di sotto di 120 battiti per minuto e si dovrà raggiungere un valore del 90-100% del massi dispendio energetico (colpi 28-33 al minuto
e) conservare o migliorare la velocità contrazione muscolare usando tipi di cari molto veloci e brevi, compreso il fast interval-training, a intensità sovramassimale e in serie, con recuperi adeguati per permettere mantenere alte velocità di contrazione;
f) trasferire il potenziamento muscolare ottenuto con il lavoro mediante sovraccari chi, nel gesto specifico e migliorare la quali della tecnica di voga. Si usano lavori a pochi colpi con accentuazione dell'impegno sui' l'impiego della forza e sulla coordinazione motoria, trascurando completamente il condizionamento cardiocircolatorio;

g) cercare e perfezionare la migliore andatura di gara: sono previste sedute di allenamento su frazioni del percorso di gara A velocità di gara, in tempi costanti e la partecipazione a gare di preparazione.

Allenamento con la corsa

Uno dei mezzi fondamentali per l'allenamento dei canottieri, anche di quelli evoluti, è la corsa per i suoi effetti positivi sul condizionamento cardiocircolatorio. Il canottiere è un atleta con un massimo consumo di ossigeno assoluto elevato e quasi tutti i canottieri si collocano ai primi posti per questa caratteristica. Tuttavia, il loro massimo consumo di ossigeno non è tra i più elevati se rapportato al peso corporeo, venendo sopravanzato da quello degli atleti dello sci di fondo e dei corridori fondisti. È noto che il massimo consumo di ossigeno è legato per almeno il 75% alla gittata, cardiaca, ovvero al ritorno venoso cardiaco, che è soprattutto muscolare per l'individuo in attività fisica intensa; poiché i movimenti ciclici del corridore sono più rapidi e frequenti di quelli del canottiere, e poiché in quest'ultimo vi è una fase di movimento in apnea che determina una difficoltà del sangue a riempire le cavità cardiache a causa dell'aumentata pressione intratoracica, risulta evidente come l'allenamento con la corsa sia fondamentale per ottenere un miglioramento della gittata cardiaca e, quindi, del massimo consumo di ossigeno.

I programmi più idonei sono gli stessi che usano gli atleti del mezzofondo e del fondo: il carico complessivo va dal 20% del lavoro totale del microciclo settimanale nel periodo lontano delle gare, per scendere progressivamente nel periodo preagonistico e agonistico fino a ridursi a poco più del 5% nell'ultimo mese, prima del massimo impegno annuale.

Allenamento con i pesi

Questo mezzo di allenamento occupa, per i primi due terzi della preparazione annuale, il 40% del lavoro complessivo del microciclo settimanale. Nel periodo agonistico e preagonistico scende al 20% e scompare soltanto nell'ultimo mese di preparazione.

I metodi sono diversi a seconda degli obiettivi. Per migliorare la resistenza alla forza rapida ciclica (RAFC) con notevole carico per ogni ripetizione sono necessarie serie della durata di oltre 1 minuto con peso tale da portare a termine la serie con notevole fatica e con una frequenza compresa tra 25 e 30 ripetizioni al minuto. Per accrescere la massa e nel contempo migliorare la RAFC sono necessarie serie alla frequenza di non meno di 20 ripetizioni al minuto e non oltre 24, con carico tale da portare a termine con fatica la serie. Non è consigliabile il lavoro con carichi submassimali, poiché in tal modo si agisce prevalentemente sulle fibre muscolari veloci, poco utili ai canottieri.

Gli esercizi, in numero limitato e interessanti i muscoli maggiormente adoperati dal vogatore, devono essere ripetuti per un minimo di 2 serie per il mantenimento della RAFC e per oltre 3 serie al fine di migliorarla. Per lo stesso motivo le sedute settimanali non devono essere inferiori a due.

Per allenare la rapidità di contrazione muscolare possono essere usati circuit-training con carichi medio-bassi o a carico naturale e carichi di 20-30 secondi in barca. Il circuit-training prevede episodi di lavoro di circa 40-45 secondi (con fasi di recupero di 15-20 secondi). Si ripetono 2-3 volte circuiti di 25-30 minuti con intervallo di 5-10 minuti. Talora possono essere utili esercizi pliometrici per educare e sfruttare l'elasticità muscolare.

Per una conoscenza più sistematica e analitica dello sport in oggetto si rimanda il lettore ai testi riportati in bibliografia.

8.
PREPARAZIONE MENTALE DELL'ATLETA

Un ruolo particolarente importante nell'allenamento sportivo riveste la preparazione mentale dell'atleta (PMA). Qui di seguito verranno riportate le principali metodiche più utilizzate negli ultimi decenni.

IMMAGINAZIONE

In alcuni studi è stato dimostrato che, giocatori di basket allenati con il visual motor behaviour reharsal (VMBR) di Suinn, metodo in cui sono combinati rilassamento e immaginazione, è stato riscontrato un miglioramento nella percentuale di tiri liberi (Lane. 1980). Vari studi dimostrano l'utilità della pratica mentale, se utilizzata unitamente alla esercitazione reale; è stato riscontrato un miglioramento in vari aspetti della prestazione in nuotatori preparati con entrambi gli allenamenti, fisico-mentale e pratico-mentale (White, Ashton e Lewis, 1979). Risultati altresì positivi in soggetti allenati con pratica sia mentale che fisica sono stati riscontrati in un compito di precisione centrare un bersaglio colpendo una pallina ferma o in movimento (McBride e Rothstein, 1979).

Immaginare significa rappresentarsi mentalmente qualcosa (per esempio un movimento, una situazione, un'idea) senza viverla nella realtà. L'organismo, per realizzare tale attività immaginativa, si avvale di diversi canali (visivo, acustico, cinestesico); quando l'attività immaginativa si attua attraverso il canale visivo si parla di visualizzazione. Ogni immagine ha un impulso motore, e le immagini mentali tendono a suscitare emozioni e a produrre condizioni fisiche e atti a esse corrispondenti. È stato sottolineato come situazioni di ansia siano spesso conseguenza della visualizzazione di immagini di pericolo; nella desensibilizzazione sistematica viene suggerita la visualizzazione della situazione tenuta in condizioni di rilassamento.

Teorie sull'utilità dell'attività immaginativa

Nel tentativo di interpretare gli effetti della rappresentazione immaginativa sono state proposte alcune teorie.

Teoria psiconeuromuscolare

Questa ipotesi si basa sull'effetto Carpenter, cioè sul fatto che la rappresentazione mentale di un movimento determina una stimolazione, seppure molto lieve, dei muscoli interessati dall'attività immaginativa. Le stimolazioni non arrivano a una contrazione esternamente visibile, ma possono essere rilevate attraverso la modificazione del potenziale elettrico muscolare per mezzo di un elettromiografo. In pratica, quando si cerca di immaginare di attuare una sequenza motoria, lo stimolo derivato da un'immaginazione (rappresentazione mentale) è sufficiente a produrre un incremento del potenziale elettrico muscolare; per esempio, se il soggetto immagina di correre, tutti i muscoli interessati alla corsa saranno attivati (aumento del tono) senza che accada nulla all'esterno.

Dalla misurazione tramite elettromiografo del potenziale elettrico muscolare dei musccoli degli arti inferiori di uno sciatore mentre questi effettuava la rappresentazione mentale di una discesa, è risultato che l'attività elettromiografica corrispondeva a quella dei movimenti della muscolatura coinvolta nell'esecuzione reale (Suinn, 1979). La rappresentazione anticipativa mentale «prepara» il soggetto all'azione motoria; inoltre, per i processi di informazione interna (feedback), questo aumento del livello di attivazione favorisce la produzione di una traccia mnemonica (Zecker, 1982) della sequenza immaginata; quando questa sequenza sarà riattivata, il soggetto sarà facilitato nell'esecuzione del movimento stesso.

Teoria dell'apprendimento simbolico

La teoria considera gli effetti della pratica mentale associati agli elementi cognitivo-simbolici del compito. L'attività immaginativa rappresenterebbe un sistema di codifica per aiutare il soggetto a comprendere e acquisire i pattern di movimento, e l'immagine aiuterebbe l'atleta a esaminare e capire meglio la propria prestazione e a modificarla quando necessario. L'attività immaginativa aiuterebbe a sviluppare uno schema mentale non per il sommarsi di scariche muscolari, ma perché creerebbe un programma motorio a livello del sistema nervoso centrale (Feltz e Landers, 1983). Da questa prospettiva le attività motorie possono essere considerate come un continuum, che va da compiti primariamente motori (con scarsi elementi cognitivi) a compiti prevalentemente cognitivi; da ciò deriva che quanto maggiore è il numero delle componenti cognitive dell'attività, tanto maggiore dovrebbe essere il beneficio conseguente all'attività di pratica mentale.

Teoria bioinformazionale di Lang

Il SNC conserverebbe, in memoria a lungo termine, emozioni e immagini sotto forma di informazioni codificate (Lang, 1979). L'unità basilare di questa rete di informazioni viene denominata proposizione; queste strutture proposizionali sono organizzate in una rete associativa e contengono informazioni relative allo stimolo e alle risposte della situazione immaginata. Ogni immagine, quindi, contiene proposizioni di stimolo e di risposta: a) proposizioni di stimolo sono descrizioni del contenuto della scena immaginata; b) proposizioni di risposta sono asserzioni sul comportamento di risposta come verbalizzazioni, azioni, reazioni fisiologiche di un organo.

Per esempio, proposizioni di stimolo possono essere sensazioni di contatto con la palla o visualizzazioni dell'ambiente di gioco; proposizioni di risposta, una tensione muscolare o una modificazione della frequenza cardiaca. Un corollario di queste teorie è che le specificità di risposta - proposizioni di risposta - di un soggetto sono mediate dalle sue precedenti esperienze.

Hecker e Kaczor (1988) hanno studiato un gruppo di atlete, utilizzando stimoli e di risposta in quattro diversi tipi di visualizzazione: visualizzazione neutra, visualizzazione di azione nota, esperienza sportiva ansiogena, scena di paura generica mai sperimentata dal soggetto. Gli Autori hanno valutato le risposte neurovegetative notando che i soggetti manifestavano risposte fisiologiche misurabili nelle scene che erano già state «vissute» dall'atleta. In pratica, quelle che già facevano parte di esperienze consolidate. Il livello di esperienza precedente comporta, quindi, un preciso modello di risposta comportamentale; quando si «costruiscono» delle visualizzazioni, è bene includere in esse informazioni di risposta.

Sulla base della teoria bioinformazionale, per migliorare la pratica mentale occorre:

1. esercitare dapprima fisicamente un'abilità al fine di sviluppare una coscienza cinestesica e l'inclusione di proposizioni di risposta in immagini motorie memorizzate;
2. includere proposizioni di risposta nelle visualizzazioni, adottando una prospettiva «interna», uno stato psichico «come se»;
3. utilizzare ausili visivi (videotape) e cinestesici (esercizi che aumentino la consapevolezza cinestesica) al fine di migliorare la «realtà» delle immagini;
4. incrementare la vividezza immaginativa con rinforzo positivo delle proposizioni di risposta (biofeedback);
5. inserire proposizioni di risposta muscolari in situazioni immaginative finalizzate a comportamenti motori;
6. proporre immagini esterne per ottenere una chiara immagine di una nuova abilità motoria e migliorare errori ricorrenti.

«Triple code-model» di Ashen (ISM)

Il modello di Ashen (1984) prevede tre aspetti delle immagini mentali (ISM): (1) immagine di per sé (I: imagery); (2) risposta somatica (S: somatic response); (3) significato (M: meaning). È importante il significato personale che ogni individuo attribuisce alle immagini mentali: visualizzazioni di scene identiche possono evocare significati e, quindi, risposte diverse da soggetto a soggetto. L'atleta deve conoscere il «proprio» modo di vivere le immagini e di «sentirle», valutando quali emozioni accompagnano il contesto immaginativo. Lavorare con queste modalità significa dare sempre meno importanza all'equazione «bella immagine=movimento migliore» e valorizzare invece sempre più il significato di una immagine, il vissuto e la partecipazione emotiva a essa (Gramaccioni e Lanari, 1990). Pertanto, quando si costruiscono immagini mentali, è sempre utile valutare le precedenti esperienze del soggetto, per adeguare la visualizzazione al significato che l'immagine può rivestire per l'individuo.

Presupposti per l'utilità dell'allenamento immaginativo

Vengono considerati presupposti fondamentali per la buona riuscita di questo tipo di allenamento: la consapevolezza, la vividezza immaginativa, la controllabilità delle immagini mentali, la direzione.

Consapevolezza

La coscienza sensoriale è la prima caratteristica da allenare per favorire effetti positivi nel training con le immagini mentali (Martens e Bump, 1988). Si tratta di sensibilizzare l'atleta a sviluppare capacità di autosservazione delle proprie emozioni, sensazioni, stati d'animo legati alle proprie esperienze sportive. Il perfezionamento e l'automatizzazione di alcuni gesti rappresentano spesso un importante ostacolo alla consapevolezza; tale inconveniente può essere superato rallentando talora l'esecuzione di un gesto durante l'allenamento, per aumentare l'attenzione dell'atleta verso questi stimoli.

Vividezza immaginativa

La capacità di sviluppare la propria abilità di rappresentazione con scene nitide, chiare e dettagliate è una delle altre condizioni dimostrate sperimentalmente affinché le immagini mentali abbiano un effetto positivo. Anche questa qualità, spesso ritenuta esclusiva di alcuni soggetti, può essere oggetto di allenamento e quindi migliorata con opportuni esercizi e tramite questionari che il soggetto stesso si somministra. È inoltre importante che l'atleta, nella sua rappresentazione immaginativa, si alleni a coinvolgere più canali sensoriali (polisensorialità): all'inizio di un training immaginativo verrà privilegiata la modalità sensoriale più facile; successivamente, con il perfezionarsi della tecnica, le immagini diverranno più aderenti alla realtà e, quindi, polisensoriali.

Controllabilità delle immagini mentali

Oltre a una chiara rappresentazione, l'atleta deve anche essere in grado di mantenere con una certa stabilità le proprie immagini e apprendere a manipolarle o a trasformarle secondo le esigenze specifiche della disciplina praticata.

Direzione

La direzione immaginativa sembra variare a seconda del livello di apprendimento. Quando il gesto è ancora impreciso, l'atleta confronta la sua immagine con quella ideale, programmando così l'azione motoria. In questo momento l'immagine è vissuta come «esterna», cioè come se il soggetto vedesse se stesso in un videotape. In seguito, quando il movimento è più preciso, consolidato e automatizzato, l'immagine diventa «interna», cioè l'atleta vive soggettivamente la sua immagine come parte integrante della propria esperienza. La rappresentazione interna sarebbe più efficace di quella esterna, in quanto favorirebbe l'attivazione di sensazioni sia visive che cinestesiche. Come in ogni settore della preparazione mentale, anche il lavoro con le immagini mentali deve seguire i prin-cipi dell'allenamento. Il soggetto dovrà perciò dedicare un giusto spazio temporale an-che alle visualizzazioni, che andranno sistematicamente ripetute. Allo scopo sembra più importante effettuare ripetizioni mentali di breve durata, ma frequenti, piuttosto che esercitarsi a lungo, ma sporadicamente.

Affinché la rappresentazione immaginativa sia più efficace, è utile abbinarla con procedure di rilassamento che favoriscano un'attenzione recettiva, cioè un atteggiamento mentale rilassato ma, contemporaneamente, disponibile e attento a elementi importanti. L'impressione che uno stato di rilassamento possa migliorare la produzione immaginativa è confortata da numerosi studi: è stato riscontrato, per esempio, come l'immaginazione sia più efficace quando l'EEG indica una prevalenza di onde alfa, condizione neurofisiologica corrispondente a uno stato di rilassamento, o come in soggetti praticanti karate e allenati con training ipnotico, il rilassamento ipnotico migliori la produzione immaginativa (Bortoli, Robazza, 1990).

Ogni aspetto dell'allenamento mentale, compresa la rappresentazione immaginativa, può essere di per sé meno efficace, o addirittura negativo, se il soggetto non è intrinsecamente motivato ad allenare le proprie abilità e se non nutre sufficienti aspettative di miglioramento personale. D'altra parte, l'allenamento con immagini mentali è uno dei mezzi favorenti la nascita e/o il rinforzo di adeguate motivazioni, purché sistematicamente inserito in un programma di allenamento.

Tecniche di visualizzazione per l'allenamento

L'atleta può allenarsi effettuando la ripetizione mentale di un compito o di un'abilità. L'allenamento ideo-motorio (AIM) è stato definito come tutte quelle forme di esercitazione nelle quali si ha un'autorappresentazione mentale, sistematicamente ripetuta e cosciente dell'azione motoria, che deve essere appresa, perfezionata, stabilizzata o precisata, senza che vi sia un'esecuzione reale, visibile esternamente, di movimenti parziali o globali (Frester, 1984).

Gli elementi cardine dell'AIM sono la definizione della sequenza motoria da riprodurre mentalmente e la sua sistematica ripetizione parallelamente al processo di allenamento. Il decorso del movimento va adattato al livello di apprendimento dell'atleta e quindi stabilito in collaborazione tra atleta, allenatore e psicologo; successivamente si passa alla fase visiva mediante osservazione di un soggetto in vivo oppure con l'ausilio di sequenze fotografiche o videoregistrazioni.

Nell'unità ideo-motoria sono stati individuati due momenti:

1. attualizzazione interna, in cui il soggetto dapprima «vede» il movimento e successivamente se lo rappresenta mentalmente in atteggiamento sciolto e rilassato;
2. realizzazione esterna, in cui il soggetto opera prima un'imitazione del movimento nelle sue componenti spazio-temporali e poi esegue praticamente l'intero esercizio.

Il numero di ripetizioni mentali va da 3 a 5 per ogni compito motorio; quando l'AIM si esegue prima della gara si effettuano 1-2 ripetizioni. L'AIM va inserito nell'ambito del programma di preparazione mentale dell'atleta. La prima fase di intervento è la definizione, assieme all'allenatore, delle sequenze ideomotorie da allenare; contemporaneamente, viene suggerito all'atleta l'apprendimento di una tecnica di rilassamento.

La ripetizione immaginativa è più efficace se associata al rilassamento. È stato utilizzato l'AIM nell'ambito di un programma di visualizzazioni guidate e mental training con atleti praticanti tiro con l'arco, ginnastica, tennis-tavolo e karate (Gramaccioni e Lanari, 1990), e sono stati proposti tre tipi di ripetizione ideo-motoria in relazione a tre momenti dell'attività sportiva:

1. preparazione: la ripetizione mentale viene utilizzata per apprendere e perfezionare elementi tecnico-tattici. La visualizzazione è preceduta da un'induzione autoipnotica realizzata attraverso stimoli condizionati (parola chiave, stretta del pugno o inspirazione profonda). Il soggetto, seduto o anche in piedi, e a occhi chiusi, si rappresenta mentalmente 2-3 volte in tempo reale la sequenza ideo-motoria. L'allenamento alla ripetizione e al rilassamento autoipnotico continua anche in situazioni più protette (posizione supina) per consolidare e rinforzare quanto già appreso a livello di memoria motoria;
2. applicazione: l'applicazione «sul campo» richiede che l'atleta sia allenato a una rapida induzione autoipnotica in situazioni non protette, spesso in piedi, allo scopo di evocare in tempi brevi e in modo vivido la sequenza motoria, che verrà

poi immediatamente attuata. Ciò può risultare particolarmente utile per gli atleti di specialità chiuse ma anche di specialità aperte, che includono momenti di concentrazione e di restringimento del focus attentivo (per esempio tiri liberi nel basket, calcio di rigore nel football, servizio nel tennis o nella pallavolo);

3. revisione della prestazione: viene proposto agli atleti di ripetere la sequenza ideo-motoria nel corso del rilassamento post-allenamento o post-gara. La revisione ha due obiettivi: il primo è di passare in rassegna il movimento allo scopo di definirne meglio particolari e difficoltà; il secondo è di allenarsi a rievocare il clima delle competizioni eccellenti al fine di allenarsi al recupero degli stati emotivi positivi collegati alla prestazione. Con il progredire dell'abilità immaginativa l'atleta sarà in grado non solo di rievocare una precisa sequenza motoria, ma anche di rievocare il «clima» di un'intera esperienza di vittoria, o comunque positiva, e di proiettare, sempre con l'aiuto delle immagini mentali, tale esperienza interiore alla gara futura preparandosi con un giusto atteggiamento psicofisico già efficacemente sperimentato.

Mostrare all'atleta sequenze videoregistrate del gesto da allenare è da tempo ritenuto utile in ambito sportivo. La cybervision ne rappresenta un perfezionamento rispetto alla semplice ripresa video, ed è in pratica la rappresentazione ripetuta dello stesso movimento, realizzata attraverso un elaborato sistema di montaggio, senza interruzioni tra una ripetizione e l'altra. L'atleta guarda il video in stato di «attenzione rilassata», mentre il movimento viene proposto da varie prospettive: prima al rallentatore, poi in tempo reale e sotto forma di elaborazione al computer dei vettori di movimento (Martens e Bump, 1988).

IL «MENTAL TRAINING» PER L'ATLETA

Per mental training (MT) si intende una serie di tecniche psicologiche mirate al controllo e/o al cambiamento di comportamenti e di esperienze (esterne, interne, fisiche, mentali) di un individuo. Si tratta di un allenamento sistematico di abilità mentali, in grado di modificare atteggiamenti e strategie, basato sul principio che le capacità mentali possono essere gestite esattamente allo stesso modo delle capacità fisico-motorie (Unestahl, 1982).

Sono stati proposti programmi di MT i cui principi derivano dalla metodologia dell'allenamento, dalle ricerche sull'apprendimento motorio e da nozioni di psicologia sperimentale e clinica. Tali programmi derivano anche dall'analisi di comportamenti osservati in atleti di vertice durante le loro esperienze sportive positive e di peak performance. È da un'analisi accurata e approfondita dei comportamenti e delle esperienze mentali dell'atleta che possono derivare ulteriori indicazioni per elaborare e perfezionare tecniche individualizzate di intervento. Le procedure di MT dovranno poi essere introdotte e integrate nell'allenamento pratico in maniera costante e sistematica (Weinberg, Chan e Jackson, 1983).

Programmi di «mental training»

Modalità pratiche di preparazione mentale destinate all'atleta sono state proposte da vari Autori (Cei, 1987; Martens e Bump, 1988; Singer, 1986; Suinn, 1986).

«Five steps strategy» di Singer (FSS)

Nell'ambito dei programmi di allenamento risulta importante per l'atleta acquisire strategie specifiche per il compito richiesto, allo scopo di ottenere migliore apprendimento motorio e migliore esecuzione (Singer, 1986); la FSS è orientata principalmente all'apprendimento e/o al perfezionamento di abilità chiuse (closed skill). I cinque momenti in cui il metodo si articola sono:

1. preparazione: consiste nel ricercare il giusto livello di arousal unitamente al giusto atteggiamento emotivo e motivazionale. L'atleta costruisce quest'abilità allenandosi a rivivere precedenti esperienze positive, oppure mettendo in atto strategie o comporta. menti finalizzati a un'adeguata concentrazione (esercizi corporei, respiratori, ecc.);
2. immaginazione: in questa fase il soggetto si rappresenta, nel modo più vivido e con modalità polisensoriali, il gesto o l'abilità da eseguire;
3. focalizzazione dell'attenzione: il terzo passo consiste nell'orientare l'attenzione su un particolare semplice, ma rilevante e pertinente alla situazione (per esempio un attrezzo sportivo, un indumento, ecc.), allo scopo di ridurre l'intensità di stimoli distraenti, interni ed esterni all'individuo, e non collegati alla situazione;
4. esecuzione: il momento dell'azione è caratterizzato dalla selezione del programma motorio più adeguato e dalla sua esecuzione automatizzata e spontanea, con l'attenzione perfettamente orientata sul compito, senza implicazioni cognitive inerenti al compito stesso o al risultato;
5. valutazione: l'analisi e la valutazione dell'abilità eseguita saranno comunque effettuate dopo l'esecuzione contribuendo, tramite un adeguato feedback, all'acquisizione di elementi utili al miglioramento del gesto.

La FSS è, in pratica, una strategia finalizzata all'utilizzo adeguato dei processi cognitivi prima, durante e dopo l'esecuzione di un movimento.

«Visual motor behaviour reharsal» di Suinn (VMBR)

Un aspetto molto importante dell'allenamento mentale è costituito dalla rappresentazione immaginativa di gesti, sequenze motorie o momenti anche più complessi. Sotto questo aspetto, un contributo notevole è stato dato da Suinn (1984), che ha elaborato il metodo denominato visual motor behaviour reharsal (VMBR). Nato in un contesto clinico con la finalità di migliorare la gestione di ansia e stress, il metodo è stato successiva-mente proposto in ambiente sportivo per varie discipline quali nuoto, atletica. karate, basket, tiro.

VMBR significa ripetizione visivo-motoria del comportamento. L'apprendimento del metodo comprende tre fasi:

1. apprendimento di una tecnica di rilassamento e di visualizzazione di scena rilassante allo scopo di iniziare a migliorare le proprie capacità di autocontrollo;
2. perfezionamento dell'allenamento immaginativo tramite: (a) visualizzazione di colori e oggetti; (b) ascolto di suoni e rumori; (c) associazione di sensazioni ed emozioni alle immagini; (d) studio nei dettagli di una scena e conservazione nella mente di un'immagine in modo stabile. Il soggetto può anche avvalersi di un questionario di autovalutazione delle proprie immagini mentali;
3. acquisizione dell'abilità nel formare immagini specifiche e stabili, relative a precisi momenti sportivi. A questo punto le sedute possono essere personalizzate secondo le esigenze individuali e infine adattate alla gestione delle situazioni competitive.

L'enfasi del metodo è posta principalmente sull'allenamento a sviluppare un'immaginazione vivida (il più possibile vicina alla situazione reale, come se l'atleta stesse realmente eseguendo la prestazione), sulla necessità di esercitazioni ripetute e sulla personalizzazione.

L'efficacia del VMBR è stata convalidata da numerosi studi. In un gruppo di giocatori di basket è stata valutata la percentuale di efficacia nei tiri liberi, che aumentava in modo significativo nel gruppo di soggetti allenati con VMBR (Lane, 1980). Un altro studio effettuato sempre tra giocatori di basket ha fornito ugualmente risultati positivi, evidenziando come le migliori prestazioni fossero ottenute dall'associazione tra rilassamento e visualizzazione e non dalle due metodiche separatamente. Altri ri-sultati positivi sono stati riferiti in atleti di tiro e in giocatori di tennis. Il VMBR è stato successivamente svilup-pato (Suinn, 1986) in un programma più ampio e organico di MT che si sviluppa in sette passi: seven steps to peak performance. Per ciascuna fase vengono proposte esercitazioni integrate da strumenti di autovalutazione:

1) primo passo: allenamento al rilassa-mento: è costituito da tre momenti:

- rilassamento progressivo: viene realizzato attraverso un processo di contrazione e decontrazione muscolare. In questa fase il soggetto impara a orientare la propria attenzione sull'attività respiratoria (centering), eseguendo respirazioni diaframmatiche lente e profonde; rilassamento attraverso uno stimolo:

gradatamente l'atleta riesce ad avviare il rilassamento focalizzando l'attenzione sul respiro e a realizzare la distensione dei vari distretti muscolari visualizzando il loro rilassamento. Il soggetto inizia anche a ripetersi o a rappresentarsi mentalmente brevi frasi;

- rilassamento in varie situazioni: con la pratica, l'atleta riesce a ottenere un buon rilassamento anche in situazioni sempre meno protette (allenamento, gara, ecc.) in varie posizioni. anche a occhi aperti e in tempi rapidi;

2) secondo passo: gestione dello stress: l'atleta impara a valutare le proprie modalità di reazione (sintomi, convinzioni) a situazioni stressanti. Vengono suggerite strategie di gestione degli eventi stressanti, per esempio il ripetersi frasi sottovoce o praticare esercizi respiratori e di rilassamento muscolare;
3) terzo passo: controllo dei pensieri: seguono strategie di modificazione del proprio dialogo interno e di controllo dei pensieri negativi;
4) quarto passo: autoregolazione: con l'acquisizione delle abilità precedenti, l'atleta è in grado di allenarsi a recuperare le sensazioni positive di vittoria, sperimentate nel passato, e a proiettarle alla gara futura. Viene anche ricercata un'attivazione psicofisiologica ottimale utilizzando, a seconda dei soggetti e delle diverse situazioni, pratiche disattivanti (centering, ricordo di esperienze distensive) o energizzanti (contrazioni muscolari, movimenti bruschi, spostamento rapido dell'attenzione su dettagli ambientali);
5) quinto passo: VMBR: è costituito dalla ripetizione visivo-motoria del comportamento;
6) sesto passo: concentrazione: il training mentale è ora finalizzato al miglioramento delle caratteristiche attentive: l'atleta impara a orientare l'attenzione verso stimoli importanti provenienti dall'ambiente esterno (dettagli visivi, rumori, impressioni. ecc.) e verso sensazioni corporee (respirazione, zone di tensione muscolare, ecc.); vengono anche suggerite immagini mentali specifiche dell'evento sportivo, favorenti lo stato di concentrazione:
7) settimo passo: controllo delle energie: in quest'ultima fase l'allenamento mentale è mirato a sviluppare una migliore consapevolezza dell'energia corporea e dei suoi correlati psicofisici, imparando a utilizzare le sensazioni di energia positiva in funzione della performance.

«Inner men tal training» di Unestàhl (IMT)

Si tratta di un dettagliato programma di allenamento mentale registrato su audiocassette. Il metodo è stato applicato su 2000 atleti svedesi. Il programma è attuato in 20 settimane, alle quali seguono la preparazione alla competizione (precompetitive reharshal e countdown preparation) e l'acquisizione di ulteriori abilità a seconda dei casi. Il soggetto si allena (fig. 11.8) cinque volte alla settimana, con sedute comprese tra i 10 e i 25 minuti, inizialmente ascoltando istruzioni registrate su nastro e successivamente tramite autoinduzione ipnotica.

La prima fase (otto settimane) è dedicata all'acquisizione di abilità di base (IMT-1: skill acquisition), partendo da esercizi di contrazione-distensione e poi di rilassamento muscolare progressivo. Il soggetto inizia sempre gli esercizi con la contrazione del pu-gno della mano sinistra e una inspirazione profonda, che diventano quindi i meccanismi (trigger) deputati all'attivazione dello stato autoipnotico. Sempre nella prima fase l'atleta inizia ad allenarsi con le immagini mentali, acquisendo capacità di attivazione e di distacco dall'ambiente esterno. La seconda fase (cinque settimane) (IMT-11: motivational training) è dedicata alla definizione e alla programmazione degli obiettivi e comprende inoltre l'allenamento ideo-motorio.

La terza fase (sette settimane) (1MT-111: applied mental training) comprende l'allenamento a procedure di problem-solving (ricondizionamento, desensibilizzazione sistematica, arresto del pensiero) e il training dell'atteggiamento mentale (ristrutturazione cognitiva, self-confidence training, training assertivo). Dopo queste tre fasi si potrà iniziare la preparazione alla competizione (inner mental preparation).

Scopo principale del programma è il recupero di sensazioni positive, già sperimentate in precedenti esperienze di successo, e la loro proiezione alla gara futura; con l'allenamento mentale l'atleta acquisisce la capacità di rievocare lo stato ideale di performance, rivivendo un modello competitivo già efficacemente sperimentato nel passato, e di riattivarlo in occasione della prestazione. Efficaci applicazioni del metodo sono state riferite in lavori relativi a svariate discipline.

Le aree dell'allenamento mentale

I vari metodi di MT, pur diversificandosi sotto il profilo operativo, hanno in comune alcuni aspetti. Le varie abilità da acquisire vengono normalmente suddivise in: abilità di base, abilità complementari e abilità complesse.

Abilità di base

a) Rilassamento. Il rilassamento ha diverse funzioni, tra le quali assumono particolare importanza: (1) il controllo del tono muscolare; (2) il controllo dello stato emotivo; (3) la riduzione ai giusti livelli dell'ansia preagonistica; (4) la facilitazione dei processi di recupero dalla fatica fisica e mentale. Pertanto, l'apprendimento di una tecnica è in grado di per sé di favorire, oltre queste importanti strategie situazioni, anche la produzione di immagini mentali.

Diversi metodi di MT iniziano con esercizi di contrazione-distensione (tipo Jacobson modificato): si tratta di contrarre volontariamente vari distretti muscolari - iniziando dalle estremità inferiori per arrivare sino al capo, mantenendoli per qualche secondo in stato di contrazione - e successivamente di decontrarre il distretto muscolare precedentemente attivato. Dopo un certo periodo di allenamento, variabile da metodo a metodo, l'atleta è in grado di raggiungere il rilassamento muscolare senza effettuare la contrazione precedente. In questa fase la maggior parte dei metodi comprende un rilassamento muscolare progressivo, che inizia dai piedi e si diffonde progressivamente sino alla testa. Qualcuno propone l'approfondimento del rilassamento tramite lo sviluppo di sensazioni di pesantezza e/o calore, esercizi derivati dal training autogeno.

b) Visualizzazioni. Complementare al precedente è il training immaginativo. L'atleta inizia con l'attività di ripetizione mentale (allenamento ideo-motorio), sino ad arrivare a visualizzazioni specifiche per la soluzione di problemi e strategie correlate. Dopo un periodo di allenamento, variabile da poche settimane a qualche mese, il soggetto è in grado di impiegare le visualizzazioni per attività più complesse. A seconda dei soggetti e delle discipline, egli potrà avvalersi di: esercizi di revisione della prestazione; recupero, tramite visualizzazioni guidate; sensazioni positive; training assertivo; condizionamento autoipnotico in situazioni non protette; formulazione del linguaggio evocativo e varie modalità di attivazione. In altri casi si attuano procedure come la desensibilizzazione sistematica o il problem-solving, sempre con l'aiuto delle visualizzazioni.

c) Self-talk. Assieme all'immaginazione, anche il «dialogo interno» fa parte dei cosiddetti «sistemi di rappresentazione», attraverso i quali l'individuo utilizza e interpreta gli input sensoriali (Guidano e Liotti, 1979). Le verbalizzazioni interne accompagnano quotidianamente l'individuo, non sempre consapevole di «parlare a se stesso» in modo molto personale (self-talk); peraltro questo sistema di rappresentazione è in relazione con il sistema di convinzioni, con il quale esiste un rapporto di reciproca influenza. Quindi, i pensieri possono influenzare sensazioni, comportamenti e ovviamente, in tempi lunghi, anche il modo soggettivo di interpretare e valutare il mondo esterno. Anche in campo sportivo, pensieri positivi favoriscono atteggiamenti positivi, di adeguatezza al compito e, quindi, una buona prestazione. Al contrario, pensieri negativi possono danneggiare la performance, favorendo lo sviluppo di atteggiamenti negativi e di sentimenti di inadeguatezza; esiste, pertanto, una continuità fra i pensieri di una persona e il suo comportamento. Sulla base di tali considerazioni, un programma di mental training include l'apprendimento di strategie di controllo e di modifica del proprio dialogo interno.

Oltre a favorire stati d'animo positivi e a determinare un aumento della fiducia, il controllo dei pensieri facilita l'apprendimento di diverse abilità sportive, aiutando l'atleta a orientare la propria attenzione sugli elementi utili e rilevanti della prestazione; permette, inoltre, la correzione degli errori consolidati, per i quali è necessario attuare un controllo cosciente sull'esecuzione automatica errata (Robazza, Bortoli e Gramaccioni, 1994). Per acquisire il controllo di questa importante abilità mentale, l'atleta si avvale di tecniche quali l'arresto del pensiero, la ristrutturazione dei pensieri, l'elaborazione di frasi affermative, la scelta di parole con contenuto emozionale e la direzione del pensiero.

Abilità complementari

a) Definizione degli obiettivi. Definire un obiettivo significa prefiggersi una meta, che può essere l'acquisizione di un'abilità non posseduta e/o il perfezionamento di una già acquisita. Obiettivi ben formulati e consoni alle caratteristiche del soggetto comprendono un adeguato piano di lavoro; essi pertanto guidano l'atleta e lo aiutano a produrre un impegno adeguato fino al risultato che si è prefisso. Il miglioramento ottenuto, in termini di prestazione, rappresenta un importante fattore motivazionale e di incremento della sensazione di efficienza elementi, questi, che contribuiranno a rinforzare l'impegno. È importante, per una corretta definizione degli obiettivi, metterli per iscritto, possibilmente con l'aiuto di schede fornite dall'allenatore.
b) Autovalutazione. Unitamente alla definizione dei propri obiettivi l'atleta dovrebbe attuare un'autovalutazione personale, che andrebbe ripetuta più volte durante la stagione agonistica. In pratica, l'atleta gestisce da sé un monitoraggio dei principali fattori inerenti la preparazione mentale. Vari manuali di MT contengono schede su definizioni degli obiettivi, valutazione delle abilità immaginative, definizione delle caratteristiche attentive, rilevamento delle aree di tensione muscolare, conoscenza dei fattori di distrazione, comportamento competitivo.

Abilità complesse

Dopo un opportuno e variabile periodo di allenamento, l'atleta potrà affrontare obiettivi più complessi come:

a) controllo dell'arousal o energia psichica;
b) allenamento delle abilità attentive;
c) gestione dello stress e di situazioni specifiche;
d) training per le motivazioni e l'autostima.

Per l'apprendimento delle abilità mentali l'atleta può utilizzare particolari tecniche miranti al rinforzo dell'Io e all'assertività, tra le quali sono comprese sia visualizzazioni che self-talk.

Bibliografia

ALBERTI, G., GARUFI, M., & SILVAGGI, N. (2012). *Allenamento della forza a bassa velocità*. Perugia: Calzetti & Mariucci.

ANDORLINI, A. (2013). *Allenare il movimento: dall'allenamento funzionale all'allenamento del movimento.* Perugia: Calzetti & Mariucci.

ANDORLINI, A. (2013). *Muovere l'allenamento. Considerazioni e riflessioni sull'allenamento funzionale*. Milano: Edizioni Libreria dello Sport.

ANDREOLI, A., SCALZO, G., MASALA, S., TARANTINO, U., & GUGLIELMI, G. (2009). Body composition assessment by dual-energy X-ray absorptiometry (DXA). *La radiologia medica. 114*(2), 286-300.

ARCELLI, E. (2012). *Voglio correre.* Milano: Sperling &Kupfer.

ARCELLI, E., & LODI, M. (1989). *Correre la maratona*. Mlano: Sperling & Kupfer.

ARIOLI., R. (1990). *Moto Gesto Ritmo nel progetto educativo*. Casale Monferrato: Marietti Scuola.

ARNOT, R., & GAINES, C. (1984). *Sports Talent*. Harmondsworth: Penguin.

ASHEN, A. (1984). ISM: The triple code model for imagery and psychophysiology. Journal of Mental Imagery, 8, 15-42.

ASTRAND, P.O., RODAHL, K., DAHL, H.A., & STROMME S.B. (2003). *Textbook of Work Physiology-4th Edition. Physiological Bases of Exercise.* Human Kinetics Publishers

AZZOLINI, D., & MANTOVANI, G. (1972). Rilievi antropometrici durante l'età evolutiva in soggetti emiliani. *Archivio per l'antropologia e l'etnologia. Vol. 102.* Università degli studi di Trento.

BAECHLE, T.R., & EARLE, R.W. (2010). *Manuale di condizionamento fisico e di allenamento della forza*. Perugia: Calzetti & Mariucci.

BANGSBO, J. (1995). *Fisiologia del calcio : con particolare riferimento all'esercizio intermittente svolto ad alta intensità.* Ancona: Kells Edizioni.

BARLOW, S.E., & DIETZ, W.H.O. (1998). Obesity and treatment: Export Committee Recommendations. *Pediatrics. 102*(3): E29.

BARROW H., & Mc GEE, R. (1979). *A pratical approach to measurement in physical education.* Philadelphia: Lea & Fabiger.

BARTHA, C., PETRIDIS, L., HAMAR, P., PUHL, S., & CASTAGNA, C. (2009). Fitness test results of Hungarian and international-level soccer referees and assistants. *J Strength Cond Res. 23(1):121-6. PubMed PMID: 19125100.*

BASTIANONI, P., & Spaggiari, E., (2015). *Apprendere a educare. Il tirocinio in Scienze dell'educazione*. Roma: Carocci Faber Editori.

BATTISTI, G., CAVALIERI, L., PAISSAN, G., & SETTI, R. (1989). *La valutazione delle capacità di movimento*. P. A. Trento: Ufficio Sport.

BATTISTINI, N.C., & BEDOGNI, G. (1998). *Impendenza bioelettrica e composizione corporea.* Milano: Edra.

BEDOGNI, G., BATTISTINI, N.C., & BORGHI, A. (2001). *Manuale di valutazione antropometrica dello stato nutrizionale*. Milano: Elsevier srl.

BELLOTTI, P., & MATTEUCCI, E. (1999). *Allenamento Sportivo.* Torino: Utet.

BELLOTTI, P., DONATI (1992). *L'organizzazione dell'allenamento sportivo*. Nuove frontiere. Roma: Società Stampa Sportiva.

BENZECRI, J.P. (1973). *L'analyse des données*. Tomo 2: *"L'analyse des correspondances"*. Parigi: édition Dunod Bordas.

BISCIOTTI, G.N. (2003). *Il corpo in movimento. Dalle basi fisiologiche all'allenamento sportivo*. Milano: Edizioni Correre.

BISCIOTTI, G.N. (2010). *Le lesioni muscolari eziologia, biologia e trattamento*. Perugia: Calzetti & Mariucci.

BISCIOTTI, G.N. (2014). *L'invecchiamento. Biologia, fisiologia e strategie anti-aging*. Perugia: Calzetti & Mariucci.

BISCIOTTI, G.N., RUBY, A., & JAQUEMOD, C. (2001). Biomeccanica dei salti nella pallavolo e nel beach-volley. *SDS-Scuola dello Sport*. *21*(52). 29-34.

BOMPA, T., (2001). *Periodizzazione dell'allenamento sportivo*. Perugia: Calzetti & Mariucci.

BORG, G.A., (1982). Psychophysical bases of perceived exertion. *Medicine & Science in Sports & Exercise*. *14*(5). 377-381.

BORGHI, A., (1988). Obesità e magrezze. In G. Giusti, & M. Serio (Eds). *Endocrinologia. Fisiopatologia e clinica*. Firenze: USES.

BORTOLI L., ROBAZZA C., (1990). Apprendimento motorio: concetti e applicazioni, Edizioni Luigi Pozzi, Roma.

BOSCO, C. (1990). *Aspetti fisiologici della preparazione fisica del calciatore*. Roma: Società stampa sportiva.

BOSCO, C. (1992). *La valutazione della forza con il test di Bosco*. Roma: Società Stampa Sportiva.

BOSCO, C. (1997). *La forza muscolare. Aspetti fisiologici ed applicazioni pratiche*. Roma: Società Stampa Sportiva.

BOSCO, C. (Dicembre 1995). Nuove metodologie di valutazione funzionale dell'atleta. *Atletica Studi 5*(6). Roma: Federazione Italiana di Atletica Leggera.

BOSCO, C., & LUHTANEN, P.H., (1992). *Fisiologia e biomeccanica applicata al calcio*. Roma: Società Stampa Sportiva.

BOUROCHE, J.M., & SAPORTA, G., (1980). *L'analyse des données*. Paris: PUF.

BRAIBANTI, P. (2002). *Pensare la salute*. Milano: Franco Angeli.

BRITISH ASSOCIATION OF SPORT AND EXERCISE. (2010). *Test fisiologici per lo Sport e l'attività fisica*. Perugia: Calzetti & Mariucci.

BRUCE, C.R., ANDERSON, M.E., FRASER S.F., STEPTO, N.K., KLEIN, R., HOPKINS, W.G., & HAWLEY, J.A. (2000). Enhancement of 2000-m rowing performance after caffeine ingestion. *Medicine & Science in Sports & Exercise. Vol. 32*(11), 1958-1963.

BRUNETTI, G. (2011). *Allenare l'atleta. Manuale di metodologia dell'allenamento sportivo*. Roma: Edizioni Scuola dello sport.

BUONACCORSI, A. (2003). *Manuale di standardizzazione dei test*. CONI LIVORNO. Ossevatorio Nazionale Capacità Motorie.

BUSQUET, L. (1996). *Le catene muscolari. Arti inferiori*. Roma: Editore Marrapese.

CACCHI, B., BAGGIO, M., CIGNITTI, L. (1997). Test da campo e da laboratorio. *Norme metodologiche Nuova Atletica 25*(145-146) 27-37.

CAGNAZZO, F., CAGNAZZO, R. (1993). *Antropobiologia e antropometria applicata all'attività fisica e allo sport*. Milano: Edi-Ermes.

CANNAVACCIUOLO, Filippo, & CANNAVACCIUOLO, Fausto (1996). *Preparazione fisica del calciatore*. Roma: Società Stampa Sportiva.

CANNAVACCIUOLO, Filippo, & CANNAVACCIUOLO, Fausto (2000). *Il sistema della forza veloce*. Perugia: Calzetti & Mariucci.

CAPANNA, R. (2002). *Un sasso nello stagno. Lo sviluppo della forza coordinativa nel gioco del calcio*. Perugia: Calzetti & Mariucci.

CAPECCHI, V. & MESSERI, P., (1979). *Antropologia*. Roma: Edizioni Universo.

CARBONARO, G. (1982). Valutazione delle capacità motorie di base nei giovani, in *SdS Rivista di Cult. Sportiva*. n. unico feb. 41-54. CONI. Perugia: Calzetti & Mariucci.

CARBONARO, G., MADELLA, A., & MANNO, R. (1988). *La valutazione nello sport dei giovani*. Roma: Società Stampa Sportiva.

CARMINATI, I., & DI SALVO, V. (2003). *Allenamento della velocità nel calciatore*. Perugia: Calzetti & Mariucci.

CARMINATI, I., VARNAVÀ, L., & GASPAROTTO, M. (2009). *Scattare... in testa. Riscaldamento e attivazione mentale nel calcio*. Perugia: Calzetti & Mariucci.

CASAJUS, J.A., & CASTAGNA, C. (Dec 2007). Aerobic fitness and field test performance in elite Spanish soccer referees of different ages. *J Sci Med Sport. 10*(6). 382-389.

CASTAGNA, C., & ABT, G. (2003, May). Intermatch variation of match activity in elite Italian soccer referees. *J Strength Cond Res. 17*(2). 388-392. PubMed PMID: 12741883.

CASTAGNA, C., ABT, G., & D'OTTAVIO, S. (2005, Nov). Competitive-level differences in Yo-Yo intermittent recovery and twelve minute run test performance in soccer referees.

CASTAGNA, C., ABT, G., & D'OTTAVIO, S. (2002, Nov). The relationship between selected blood lactate thresholds and match performance in elite soccer referees. *J StrengthCond Res. 16*(4). 623-627. PubMed PMID: 12423196.

CASTAGNA, C., ABT, G., & D'OTTAVIO, S. (2004, Aug). Activity profile of international-level soccer referees during competitive matches. *J Strength Cond Res. 18*(3). 486-490. PubMed PMID: 15320668.

CASTAGNA, C., ABT, G., & D'OTTAVIO, S. (2007). Physiological aspects of soccer refereeing performance and training. *Sports Med. 37*(7). 625-646. Review. PubMed PMID: 17595157.

CASTAGNA, C., ABT, G., D'OTTAVIO, S., & WESTON, M. (2005, Nov). Age-related effects on fitness performance in elite-level soccer referees. *J Strength Cond Res. 19*(4). 785-790. PubMed PMID: 16287368.

CASTAGNA, C., IMPELLIZZERI, F.M., BELARDINELLI, R., ABT, G., COUTTS, A., CHAMARI, K., & D'OTTAVIO, S. (2006, May). Cardiorespiratory responses to Yo-yo Intermittent Endurance Test in nonelite youth soccer players. *J Strength Cond Res. 20*(2). 326-330. PubMed PMID: 16689622.

CASTAGNA, C., IMPELLIZZERI, F.M., BIZZINI, M., WESTON, M., & MANZI, V. (2011, Mar). Applicability of a change of direction ability field test in soccer assistant referees. *J Strength Cond Res. 25*(3). 860-866. PubMed PMID: 21325915.

CASTAGNA, C., IMPELLIZZERI, F.M., CHAMARI, K., CARLOMAGNO, D., & RAMPININI, E. (2006, May). Aerobic fitness and yo-yo continuous and intermittent tests performances in soccer players: a correlation study. *J Strength Cond Res. 20*(2). 320-325. PubMed PMID: 16689621

CAVARGINI, F., (2008). *Proposta di modulazione annuale della preparazione a secco nel calcio*. Perugia: Calzetti & Mariucci.

CEI A., (1987). Mental training, Edizioni Luigi Pozzi, Roma.

CERRETELLI, P., (1985). *Manuale di fisiologia dello sport e del lavoro*. Roma: SEU.

CHAOUACHI, A., MANZI, V., WONG, DEL P., CHAALALI, A., LAURENCELLE, L., CHAMARI, K., & CASTAGNA, C. (2010, Oct). Intermittent endurance and repeated sprint ability in soccer players. *J Strength Cond Res. 24*(10). 2663-2669.

CHIODO, D. (2006). *Preparazione atletica: programmi, esercizi e carichi di lavoro per ottimizzare l'allenamento nei dilettanti*, Bozzano (LU): Edizioni Allenatoe.Net

CICCHELLA, A. (2002). *Analisi del Movimento*. Bologna: Martina Edizioni.

CIPOLLA, C.M., (1981). *Le macchine del tempo: l'orologio e la società (1300-1700)*. Bologna: Il Mulino editore.

COMETTI, G., (2000). *Forza e velocità nell'allenamento del calciatore*. Milano: Edizione Correre.

COMETTI, G., (2002). *L'allenamento della velocità*. Roma: Società Stampa Sportiva.

COMETTI, G., & COMETTI, D. (2009). *La Pliometria*. Perugia: Calzetti & Mariucci.

COMPARETTI, M. (1976). *Biologia e sport. Elementi di biologia e antropologia per l'educazione fisica e lo sport*. Roma: Lombardo.

CRISTIANI, G.F. (1760). *Delle misure d'ogni genere antiche, e moderne: con note literarie, e fisico-matematiche, a giovamento di qualunque architetto* Brescia: G. Bossini.

D'OTTAVIO, S. (2000). *La preparazione del giovane calciatore*. Roma: Società stampa sportiva.

D'OTTAVIO, S., & CASTAGNA, C. (1999). Activity profil eof young soccer players during actual match play. *Journal of Sport Science. 17. 826*

DAL MONTE, A., (1980). *Physiological classification of sport activities and cardiovascular function*. Bologna: Aulo Gaggi.

DAL MONTE, A., (1983). *Fisiologia e medicina dello sport*, Firenze: Sansoni.

DAL MONTE, A., (1983). *La valutazione funzionale dell'atleta*. Firenze: Sansoni.

DAL MONTE, A., & FAINA, M., (2000). *Valutazione dell'atleta. Analisi funzionale e biomeccanica della capacità di prestazione*. Roma: Utet.

DAVI, M., & RISALITI, M. (2011). *Movie mentis. Comuni contaminazioni negli sport di situazione*. Perugia: Calzetti & Mariucci.

DE LANDSHEERE, G. (1973). *Introduzione alla ricerca in educazione*. Firenze: La Nuova Italia.

DEL NISTA, P.L., PARKER, J., & TASSELLI, A. (2003). *Nuovo Praticamente sport. Comprendere il movimento*. Firenze: D'Anna.

DELAVIER, F., (2011). *Nuova guida agli esercizi di muscolazione*. Perugia: Calzetti & Mariucci.

DELORME, T.L., & WATKINS, A.L. (1948, May) Technics of progressive resistance exercise. *Arch Phys Med Rehabil. 29*(5). 263-273. PMID: 18860422

DIETRICH, M., KLAUS, C., & KLAUS, L. (1997). Manuale di teoria dell'allenamento (M. Gulinetti Trans). Roma: Società Stampa Sportiva.

DISPENZA, A. (1992). *La valutazione in educazione fisica*. Roma: Società Stampa Sportiva.

DONATI, A., LAI, G., MARCELLO, F., & MASIA, P. (1994). *La valutazione nell'avviamento allo sport*. Roma: Società Stampa Sportiva.

DURASTANTI, C., & DURASTANTI, P. (2006). *Valutare per allenare*. Perugia, Città di Castello: Edizioni Nuova Prhomos.

DURNIN, J.V., & RAHAMAN, M.M. (1967). La valutazione della quantità di grasso nel corpo umano dalle misurazioni dello spessore delle pliche cutanee. *British Journal of Nutrition. 21*. 681-689.

DYSON, G.H.G., (1987). *Principi di meccanica in atletica* (C. Alberto Nittoli, Trans). Vigevano: Edizioni di Atletica leggera .(Original work published 1971).

ERCOLESSI, D. (1996). Flessibilità & mobilità articolare. *Supervolley*. Nov-dic.

F.I.F.A., (2010). *Regulations on the Organisation of Refereeing in F.I.F.A. Member Association*. Zurich.

FABBRI, C., & FABBRI, G., (2005). *Le metodologie posturali nella preparazione fisica del calciatore*. Perugia: Calzetti & Mariucci.

FELT D.L., LANDERS D.M., (1983). The effects of mental practice on motor skill learning and performance , J Sport Psychol.

FERRARI, F., AGOSTINELLI, N., (1996). *Educazione motoria per l'età evolutiva*. Torino: SEI.

FERRETTI, F., (2010). *L'allenamento fisico nel calcio*. Milano: Edizioni Correre.

FLEISCHMANN, J., (1981). *Anatomia umana applicata all'educazione fisica e allo sport*. Roma: Società Stampa Sportiva.

FOX, E.L. (1982). Fisiologia dello Sport. Bologna: Grasso.

FREEMAN, D.B. (1963). *Land Use Changes on Buderim Plateau, 1940-1963.* University of Queensland.

GARUFI, G., Mobilità articolare e flessibilità, www.fgicampania.it/Sez_Tecnica/Libro_Mobil_Artic.pdf

GATTULLO, M., (1967). *Didattica e docimologia*. Roma: Armando Editore.

GENNARO, A., & ZAPPA, C., (2015). *Didattica delle attività ludico-motorie in età prescolare, Manuale di scienze motorie, giochi e lezioni per la scuola*. Messina, Patti: Kimerik

GIANICOLO, E.A.L. (2003) *Analisi della validità dell'indice di massa corporea nella popolazione italiana*. Rivista di Statistica Ufficiale, fascicolo 3. 41-64. ID: 2231425. DOI: 10.1400/64643. Milano: Franco Angeli.

GIANNINI, A., (1996, dic). Diagnosi delle abilità tecniche da parte di istruttori esperti e novizi. *Gymnica. 4*. 28-31. Supplemento de *Il ginnasta. 16.*

GIANNINI, A., L'autovalutazione degli Insegnanti. In D. Bramanti (Ed), *Progettazione Formativa e Valutazione* (pp. 143-154). Roma: Carocci editore.

GIULIANI, M., (2000). *Dal fare al dire. La teoria delle attività di educazione fisica. Per le Scuole*, Milano: Colonna.

GIULLET, R., GENETY, J., & BRUNET G.E., (1980). *Medicina dello Sport*, Milano: Masson.

GOTTIN, M., & DEGANI, E., (2010). *Valore e sport*. Torino: SEI.

GUIDANO V.F., LIOTTI G., (1979). Elementi di psicoterapia comportamentale, Bulzoni, Roma.

HALLET, I. (1994). Punti di repère nell'opera di J. Lacan per uno studio dell'anoressia mentale. *Quaderni milanesi di psicoanalisi. 3. 13-21.*

HARRE, D., (1977). *Teoria dell'allenamento*. Roma: Società Stampa Sportiva.

HECKER, JE, KACZOR, LM, (1988). Application of imagery theory to sport psychology: Some preliminary findings, Journal of Sport & Exercise Psychology.

ISIDORI, E., & ARANDA, A., (2012). *Pedagogia dell'allenamento. Prospettive metodologiche. Roma:* Edizioni Nuova Cultura.

J Strength Cond Res. 19(4). 805-809. PubMed PMID: 16287348.

JESSE, J. (1985*). Jogger e atleti corridori : cause nascoste di lesioni, loro prevenzione e riabilitazione* (Carlo A. Nittoli, J. King Trans) Milano: Edi.Ermes.

KENDALL H.O., & KENDALL, M.E., (2002). *I muscoli. Funzioni e test*. Roma: Verduci.

KENDALL, P., & KENDALL, M.E., (1983) *Muscoli. Test e funzioni*. USA: Williams & Wilkins.

KENNET, H.C., (1968). *Aerobics*. USA: Bantam Books.

LAFORTUNE, S., & CHEN, E., (1991). Dealing with blocking in suervisory control of discret event systeme. *IEEE Transaction on Automatic Control. 36*(6). 724-735.

LANE, J. F. (1980), Improving athlethic performance through visual motor behaviour rehearsal, in R. M. White K.D., Ashton R., Lewis S. (1979), Learning a complex skill: effects of mental practice, physical practice and imagery ability. Int. J. Sport Physiol., 10.

LANG P.J., (1979). A bio-informational theory of emotional imagery, Psychophysiology, Wiley.

LE BOULCH J., (1992). *Lo sviluppo psicomotorio dalla nascita a sei anni. Conseguenze educative della psicocinetica nell'età scolare*. Roma: Armando Editore.

LEBART, L., MORINEAU, A., & TABARD, N., (1977). *Techniques de la description statistique: méthodes et logiciels pour l'analyse des grands tableaux.* Paris:Dunod-Bordas.

LÉGER, L.A., MERCIER, D., GADOURY, C. & LAMBERT, J. (1988). The multistage 20 metre shuttle run test for aerobic fitness. J Sports Sci. 6(2). 93–101.

LETESSIER, J. (1966). Table de Cotation. *Ed. Physique et Sport*. Parigi: L. Lemaire.

MADELLA, A., (2000). *Metodologia dell'insegnamento sportivo.* Roma: CONI.

MADER, A., LIESEN, H., HECK, H., PHILIPPI, H., ROST, R., SCHÜRCH, P., & HOLLMANN, W. (1976). Zur Beurteilung der sportartsspezifischen Ausdauerleistingsfahigkeit im Labor. *Sportarzt und Sportmedizin*. *27*. 80-88. 109-112.

MALENGO, A., La stazione di misura dell'INRIM per la taratura di campioni di volume e di densità di solidi mediante pesata idrostatica. *Metrologia & Qualità*. Vol. 400.

MANNO, R. (1982). *Metodologia dell'allenamento dei giovani.* Collana Avviamento allo Sport. SdS CONI. Perugia: Calzetti Mariucci.

MANNO, R. (1989). *Fondamenti dell'allenamento sportivo*. Bologna: Zanichelli.

MARELLA, M. (Ed.), (1984). *Nuovi orientamenti per l'avviamento dei giovani allo sport*. Roma: Società Stampa Sportiva, CONI.

MARELLA, M., RISALITI, M. (2007). *Il libro dei test. Le prove di valutazione fisica per tutti i tipi di sport*. Milano: Edizioni Correre.

MARIANI, A. (2008). *La preparazione speciale metodo, esercizi, carichi*. Perugia: Calzetti & Mariucci.

MARTENS R., (1987). Coaches Guide To Sport Psychology, Human Kinetics, Champaign.

MARTINI, A., (1883). *Manuale di metrologia: ossia, Misure, pesi e monete in uso attualmente e anticamente presso tutti i popoli...*, Torino: Loescher Edizioni.

MARTINI, G., FREDIANI, B., NUTI, & R. (1992). Metodi di misura del tessuto adiposo nel corpo intero: utilità della densitometria total body a raggi X. *Minerva medica*. *83*(4). 181-185

McBRIDE, ER, ROTHSTEIN, AL, (1979). *Mental and physical practice and the learning and retention of open and closed skills*, Perceptual and Motor Skills.

MC ARDLE, W.D., KATCH, F.I, & KATCH, V.L., (1998). *Fisiologia applicata allo sport*. Milano: Ambrosiana.

MEINEL, K., & SCHNABEL, G. (1984). *Teoria del movimento*. Roma: Società Stampa Sportiva.

MERNI, F. (1989). La valutazione delle tecniche sportive. *SdS Rivista di cultura sportiva*. *15*(16).

MERNI, F., & CARBONARO, G. (1987). *Test motori : per la valutazione dei giovani dagli 11 ai 14 anni*, Roma, CONI.

MESSERI, P. (1965). *Origine ed evoluzione dell'uomo*. Pisa: Libreria Scientifica Giordano Pellegrini.

MONASTA, A. (Ed) (1996). La Ricerca nelle Scienze della Formazione. *La Nuova Italia Scientifica*, Roma, 131-150.

MONDONI, M., & SALVETTI, C. (2015). *Didattica del movimento per la scuola dell'infanzia*. Milano: Vita e Pensiero Editore.

MORUZZI, G. (1986). *Fisiologia 2*. Bari: UTET.

NEGRO, M., RUCCI, S., & MARZATICO, F. (2012 apr). Antiaging: nutrizione e attività fisica contro l'invecchiamento muscolare. *Rivista della Società Italiana di Medicina Generale. 2.*

NELSON, A.G., & KOKKONEN, J., (2007). *Stretching Anatomy*. Perugia: Calzetti & Mariucci.

OLIVIERI L. (1963). *Antropologia e antropometria*. Napoli: Casa editrice V. Idelson di E. Gnocchi.

PANERAI, M.C. (1983). Le misure romane. In Comune di Modena, Assessorato alla Cultura, Museo Civico Archeologico-Etnologico; col patrocinio della regione Emilia-Romagna. Mi*surare la terra: centuriazione e coloni nel mondo romano*. Modena: Franco Cosimo Panini. pp. 122-124.

PENDE, N. (1939). *Trattato di biotipologia umana*. Milano: Vallardi.

PIÉRON, M. (1989). *Metodologia dell'insegnamento dell'educazione fisica e dell'attività sportiva*. Roma: Società Stampa Sportiva.

PLATONOV, V.N., (2004). *Fondamenti dell'allenamento e dell'attività di gara*. Perugia: Calzetti & Mariucci.

PROIETTI, R. (1997). *Forza e velocità nel calcio*. Perugia, Città di Castello: Nuova Prhomos Edizioni.

PROIETTI, R. (1999). *La corsa. Valutazione e allenamento della potenza aerobica e della resistenza alla velocità nel calcio*. Perugia, Città di Castello: Nuova Prhomos Edizioni.

RABBONÌ, L., (1963). Antropologia evolutiva dell'adolescenza e della giovinezza in un gruppo attuale della Val Padana. In *Archivio per l'antropologia e la etnologia. V*ol. XII. Unversità degli Studi di Trento.

RAMPININI, E., SASSI, A., AZZALIN, A, CASTAGNA, C., MENASPÀ, P., CARLOMAGNO, D., & IMPELLIZZERI, FM. (2009). Physiological determinants of Yo-Yo intermittent recovery tests in male soccer players. *Eur J Appl Physiol*. 2010 Jan. *108*(2). 401-409. Epub 2009 Oct 11. PubMed PMID: 19821121.

RETZLAFF, K. (2009) *Der Leistungsfaktor Taktik im Sportspiel Volleyball und seine Anwendung in Spielsystemen*. Munich (Germany): GRIN Verlag.

RIVA D., TREVISSON, P. (2000). Il controllo posturale. *Sport & Medicina. 4*. 47-51.

RIVA, D., BIANCHI, R., ROCCA, F., & MAMO, C. (2016). Proprioceptive Training and Injury Prevention in a Professional Men's Basketball Team: A Six-Year Prospective Study. *The Journal of Strength and Conditioning Research*. *30*(2). 461-475.

RIVA, D., SOARDO, G.P., & FRATTER, G. (1998*). Propriocettività e gestione del disequilibrio*. Atti Convegno Torino 16 maggio 1998 (pp. 17-31).

ROBAZZA C., BORTOLI L., GRAMACCIONI G., (1994). La preparazione mentale nello sport, Edizioni Luigi Pozzi, Roma.

ROVIDA, A. (2002). *Moduli di educazione fisica. Per la scuola media*. Milano: Fabbri Editore.

ROVIDA, A. (2009). *Pronti...via! Nuovo scienze motorie e sportive per la scuola media*. Milano: Fabbri Editore.

RUFFIER, J.E. (1999). *Gymnastique quotidienne*, Parigi: Dangles.

SAIBENE, F., ROSSI, B., & CORTILI, G., (1986). *Fisiologia e psicologia degli sport*. Milano: Mondadori.

SANNICANDRO, I. (2004). *Metodi della valutazione motoria ed attitudinale. Strumenti e percorsi di ricerca*. La Biblioteca. Lecce: Pensa MultiMedia.

SASSI, R. (2000). *Esercizi e test nel calcio*. Perugia: Calzetti & Mariucci.

SASSI, R., TIBAUDI, A. (2004). *La modulazione del carico nella preparazione del calciatore*. Perugia: Calzetti & Mariucci.

SAVINO, F., & LIGUORI, S.A. (2009). Valutazione dello stato nutrizionale. In *Nutrizione parenterale in pediatria*, Springer, Milano, pp. 49-60.

SCHMIDT, R.A., & LEE, T.D. (2012). *Controllo motorio e apprendimento*. Perugia: Calzetti & Mariucci.

SCHMIDT, R.A., & WRISBERG, C.A. (2000). *Apprendimento motorio e prestazione*. Roma: Società Stampa Sportiva.

SHARON ELAYNE FAIR, (2009). *Wellness e terapia fisica*. USA: Jones & Bartlett Learning.

SHELDON, W.H., STEVENS, S.S., & TUCKERW, B. (1940). *The Varieties of Human Physique. An Introduction to Constitutional Psychology*. New York: Harper.

SHERRINGTON, S.C. (1906). *The Integrative Action of the Nervous Systeme. USA:* Yale University Press.

SHURAN, M., & NELSON, R.A., (1987). Per una valutazione nutrizionale precisa e accurata. In *Geriatrics. 4.* 21.

SIMONS, J., BEUNEN, G., RENSON, R., & VAN GERVEN, D. (1982). Construction of a motor ability test for boys and girls aged 12 to 19 years, using factor analysis. In *Evaluation of motor fitness*, pp. 151-167

SINGER, R.N. (1984). *L'apprendimento delle capacità motorie*. Roma: Società Stampa Sportiva.

SINGER R.N., (1986). Sports performance: A five-step mental approach, Journal of Physical Education, Recreation & Dance, Taylor & Francis.

SOTGIU, P., & PELLEGRINI F.M. (1985). *Attività motorie e processo educativo*. Roma: Società Stampa Sportiva.

STECCHI, A. (2004). *Biomeccanica degli esercizi fisici. Dalla preparazione atletica sportiva al fitness*. Cesena: Elika.

STEEN, B., (1988). Body composition and aging. *Nutrition Reviews. 46*(2) 45-51.

SUINN, R.M., (1979). Behavioral applications of psychology to US World Class competitors, in Coach athlete and the sport psychologist, Ottawa.

SUINN R.M., (1984). Visual motor behavior rehearsal: The basic technique. Scandinavian Journal of Behaviour Therapy, 13, 131-142.

TIBAUDI, A., (2009). *Allenamento ad alta intensità*. Perugia: Calzetti & Mariucci.

TIBAUDI, A., (2011). *I cambi di direzione*. Perugia: Calzetti & Mariucci.

TOPO, G., POLLINI, L.M., & PIANEGIANI, A., Andamento delle pliche cutanee. *Med. Dello sport*. 1984 Torino: Minerva Medica Editore.

TURINESE, L. (2006). *Biotipologia. L'analisi del tipo nella pratica medica*. Milano: Tecniche Nuove.

UNESTAHL LA, (1982). Inner mental training for sport, Mental training for coaches and athletes.

VERTECCHI, B. (1976). *Valutazione formative*. Torino: Loescher.

VIOLA, D.G. (1924). *Razza e costituzione*. Milano: Vallardi.

WEINBERG RS., CHAN R., JACKSON A., (1983). Mental preparation strategies and performance: Is a combination of techniques better than a single technique?, Journal of Sports Sciences, Taylor & Francis.

WEINECK, J. (2009). *L'allenamento ottimale*. Perugia: Calzetti & Mariucci.

WEINECK, J. (2013). *Biologia dello sport*. Perugia: Calzetti & Mariucci.

WEINECK, J.,(2005). *La preparazione fisica ottimale del calciatore*. Perugia: Calzetti & Mariucci.

WESTON, M., BIRD, S., HELSEN, W., NEVILL, A., & CASTAGNA, C. (2006, Jun). The effect of match standard and referee experience on the objective and subjective match workload of English Premier League referees. *J Sci Med Sport*. *9*(3). 256-262. Epub 2006 May 3. PubMed PMID: 16675302.

WESTON, M., CASTAGNA, C., IMPELLIZZERI, F.M., RAMPININI, E., & ABT, G. (2007, Dec). Analysis of physical match performance in English Premier League soccer referees withparticular reference to first half and player work rates. *J Sci Med Sport*. *10*(6). 390-397. Epub 2006 Nov 28. PubMed PMID: 17126077.

WESTON, M., CASTAGNA, C., IMPELLIZZERI, F.M., RAMPININI, E., BREIVIK, S. (2010, Jan). Ageing and physical match performance in English Premier League soccer referees. *J Sci Med Sport*. *13*(1). 96-100. Epub 2008 Oct 4. PubMed PMID: 18835743.

WESTON, M., GREGSON, W., CASTAGNA, C., BREIVIK, S., IMPELLIZZERI, F.M., & LOVELL ,R.J. (2011, Jun). Changes in a Top-Level Soccer Referee's Training, Match Activities, and Physiology Over an 8-Year Period: A Case Study. *Int J Sports Physiol Perform*. *6*(2). 281-286. PubMed PMID: 21725113.

WIGGINS, G. (1990). The case for authentic assessment. *Practical Assessment, Research & Evaluation*. *2*(2), PAREonline.net.

WILMORE, J., COSTIL, D., BELLOTTI, P. & FELICI, F. (2005). *Fisiologia dell'esercizio fisico e dello sport*. Perugia: Calzetti & Mariucci.

WINTER, E.M., JONES, A.M., DOWSON, R.C.R., BROMLEY, P.D., & MERCER, T.H. (2010). *Test per lo sport e l'attività fisica*. Perugia: Calzetti & Mariucci.

WONG, P.L., CHAOUACHI, A., CASTAGNA, C., LAU, P.W.C., CHAMARI, K., WISLOFF, U. (2011, Sep). Validity of the Yo-Yo intermittent endurance test in young soccer players. *European Journal of Sport Science*. *11*(5). 309-315. DOI:10.1080/17461391.2010.521579.

WYDRA, G. (2001) Stretching: ein Überblick über den aktuellen Stand der Forschung. *Sportwissenschaf*. *27*. 409-427 (traduzione italiana a cura di M. Gulinelli, Lo stretching ed i suoi metodi). *SDS-Scuola dello sport*. *20*(51) 39-48i.

ZATSIORSKY, V.M. (1998). *Kinematics of Human Motion.* USA: Human Kinetics.

ZATSIORSKY, V.M., KRAEMER, W.J. (2008). Scienza e Pratica dell'allenamento della Forza, Calzetti e Mariucci, Perugia.

ZECKER SG, (1982). Mental practice and knowledge of results in the learning of a perceptual motor skill, Journal of Sport Psychology, Human Kinetics.

Stampato presso:
Ragusa Print&Multimedia - Modugno (BA)
tel. 0809645420 - info@ragusaservice.it